哈哈 灵机一动

优等生最爱的

全脑潜能开发

趣味游戏

1

（美）萨姆·劳埃德 著

刘波 编译

Wuhan University Press

武汉大学出版社

图书在版编目（CIP）数据

哈哈，灵机一动：优等生最爱的全脑潜能开发趣味游戏 1 /（美）萨姆·劳埃德著．刘波编译．—武汉：武汉大学出版社，2012.10
ISBN 978-7-307-10139-5

Ⅰ．哈…
Ⅱ．①萨…②刘…
Ⅲ．智力游戏—少儿读物
Ⅳ．G898.2

中国版本图书馆 CIP 数据核字（2012）第 236118 号

选题策划：人天书苑
责任编辑：代君明
责任印制：人　弋

出　　版：武汉大学出版社
发　　行：武汉大学出版社北京图书策划中心
网　　址：www.wdpbook.com
电　　话：010-63978987
传　　真：010- 67397417-608
印　　刷：三河市灵山装订厂

开　　本：710×1000　1/16
印　　张：14
字　　数：160 千字
版　　次：2012 年 11 月第 1 版
印　　次：2012 年 11 月第 1 次印刷
定　　价：29.80 元

序

解谜是一切创造力的开端

　　科学里有许多绝妙而稀奇的思想，却总被关在狭小的盒子里，只有握有钥匙的小部分人才可能走近它们。那不是太可惜了吗？让我们把盒子打开，让思想飘散，摆脱高不可攀的科学束缚，跳出沉重的历史阴影。猜谜、解谜，正是一切创造力的开端！

　　萨姆·劳埃德（Sam Loyd，1841—1911），美国最著名的智力游戏设计大师、趣味数学的创始人和奠基者，被誉为"美国最伟大的解谜大师和最卓越的天才"。

　　还在10岁时，劳埃德便开始学习正规的国际象棋，他设计了"移动15"这个游戏，并设计了不少国际象棋趣题。除此之外，他还是七巧板的爱好者，曾经出版过一本含有700多个七巧板构图的书；14岁时，劳埃德在《纽约星期六信使报》上发表了他的第一道国际象棋趣题，并被誉为"全美国最重要的国际象棋趣题作者"。

　　由他设计的智力游戏无不趣味十足、逻辑严密，解题技巧严谨而不失创造

力，仿佛带领读者进入了一个环环相扣的智力迷宫。他设计游戏时，思路深刻而缜密，所以，至今仍有很多题目没有被解开，成为真正意义上的"未解之谜"。

百余年来，全世界逾千万读者痴迷于他的趣题，至今依然有许多人是劳埃德的忠实拥趸。早在20世纪，劳埃德和他制作的谜题就已风靡全世界，包括俄罗斯、日本等多个国家和地区都曾翻译出版过劳埃德的益智游戏题集，每一年，他的作品都会在不同的国家和地区被翻译出版。就连哈佛大学、耶鲁大学等美国常春藤名校，也会在新生入学时让学生做劳埃德谜题，借此测试和开发学生的创造性思维潜力。

本书内容根据各种谜题的难易程度和时代背景做了针对性的加工和筛选，以期更能适应当今中国读者的阅读要求。书中的每一道谜题都配有相应的图画，这些画都是专业插画家精心所配，趣味盎然，美轮美奂，充满了当时的时代特征和人文气息，也是从一个侧面了解美国历史文化的佳作。

第一部分 几何图形转换、拓扑奇趣

第二部分 代数、比例、概率

第三部分 答案

第一部分

几何图形转换、
拓扑奇趣

001 图形变换问题

下面图中有一个黑桃的图案，你知道如何将它变成扑克牌中的红桃心吗？

002 寄宿公寓的大饼之谜

枯燥的数学是可以用简单明了的方式来理解的。接下来，为了说明这个道理，我要给大家讲讲下面这个独特的分饼问题。

"寄宿人员保护协会"内部细则的第5条规定："……饼只能用直线切6刀。"之所以有这样的规定是因为寄宿人员经常得不到公平的待遇，大饼总是被房东太太分成大小不均匀的若干块，她把带馅的厚点的部分分给及时交租的房客，而其他人只能享用那些边边角角。这回，"寄宿人员保护协会"的人发现奥弗莱·哈瑞提太太家的厨师把大饼分的块数太多了，鉴于这种情况，代表们因此倡议寄宿人员罢工以争取公正的待遇。

这次房东太太把中间带馅的部分给了年轻的医生，因为她的女儿总是生病，而年轻的医生将她女儿照顾得无微不至。当然，在这里我们不想讲什么道德问题，只是想用这个例子来说明欧几里得的数学术语"每两条线都相交，并且交点不能重合"，并用孩子们的语言讲出来。

　　站在房东太太的角度，当然是希望大饼被切的块数越多越好，那么，聪明的读者们，如果用刀子以直线切6次，要求每两刀都相交，而且每两条线的交点不能重合，最多能把大饼切成多少块？

 金砖问题

　　这道趣题说明你看到的表面的现象未必就是事情的本质。有一次我们在旅馆遇见了一个卖金砖的陌生人，他看上去非常和蔼，我们完全没有防备。只见金砖四边都被24等分，陌生人让人猜，按此方法金砖应有几块。至于他要卖的金砖，形状和图中所示的一样。当然，为了帮助理解，你也可以自己做个道

具。随手拿一张纸，剪出一个正方形，并将每个边都分成24份，每一份都长1英寸，画好标记，我们就当它是那块金砖好了。现在，金砖的每条边都分成了24个部分，我们想象金砖中的每一小份有虚线连接，那么金砖就可以分成24×24=576个小方块，所以，现在我们就要购买这576块金砖。金砖的中间有一条斜线，从A点到B点，将金砖沿着斜线剪开，然后把右边的部分向上推一格，再把A点凸出的小三角形剪下来填补到B点的缺口上。现在，正方形的金砖变成了长方形，但是如果仔细数数长方形上的小方块，你会发现小方块的数目发生了变化。如果长方形现在长为25英寸，宽为23英寸，那么现在小方格的数目不就是23×25=575个了吗？可是剩下的那一块小金砖到哪里去了呢？它怎么从我们眼皮底下溜走的呢？

 **印度花**

在趣题王国中，印度花的问题赫赫有名。如图所示，僧人将"种子"放在帽子里，很快，帽子里就开出了一朵美丽的花，这朵花由7张纸片组成，接下来，僧人会叫你用这7张纸片拼成一个十字架。

你能解开这个有名的印度花问题吗？

奶酪问题

　　这道题目你可能觉得有点熟悉，没错，它与之前的分大饼问题有异曲同工之妙。用直线把奶酪切6刀，最多能得到多少块奶酪?如果你知道怎么分大饼，这个问题一定难不倒你。

　　其实我想说的是，一道好的趣题可能是我们日常生活中的任何一件小事，也可能是偶然看到的一些普通的生活现象引发的。但是发现这些趣题的雏形是远远不够的，我们还要充分利用这个主题来巧妙构思出趣题的框架，这可不是件容易的事，它有可能需要花费你相当多的时间。在日常生活中，我们也经常会遇到一些让我们迷惑的事情，于是我们不由自主地会想："这件事情还没有被人为地赋予框架，就以偶然的形式令人产生困惑，那么要怎样才能用趣题的形式来隐蔽其所包含的原理呢? 因为只有这样才能增加其难度。

　　趣题，顾名思义，一定要有趣，因此在设计趣题时不管是提出问题还是解答问题，一定要保持轻松的状态，所以一般来说我们习惯用方言来解释题目的条件并把真正的难点以某种方式隐藏起来。而这种方式，用布雷特·哈特的话说，叫作为整个故事赋予一种"天真而平淡"的简单性。读者朋友们，你们懂了吗? 趣题可不仅仅是数字和思维的问题哦!

 复活节十字架问题

下面图中是一个希腊十字架，如果把这个十字架剪成三部分，你知道怎样才能使剪出来的三部分拼成一个长是宽的两倍的长方形吗？

另外还有一道题，它与上面的要求恰好相反：把一个长方形剪开，拼凑成一个希腊十字架。你做得到吗？我想这道题目已经给出了拼接的角，所以应该要比上个问题简单些。

 **拼正方形问题之一**

关于亚力克这个人，我想任何一个在朋友聚会上关注过趣题的人或许都熟悉，他总是表现出或者试图表现出一种——在这个戏法被揭穿之前，他就已经洞悉一切的——态度。如果他恰好以前看到过这道趣题，他就会抢先说出答案，让其他对这道题也有兴趣的人没有时间去尝试作出回答；如果这是道他以前没有见过的趣题，他也会拼命证明这道题和之前某道题是多么相似，而那道

题显然比现在这道题要好得多，并且说他是多么轻易地解开了那道题。他这样的行为实在让人烦恼。我常常想起波斯人的谚语："不懂装懂招人厌。"不过，自视聪明的亚历克也有吃瘪的时候，在下面这个例子中亚力克就哑口无言了。

在聚会上，年轻的哈里正要向他的朋友们说明一道精巧的几何分割趣题是如何破解的，但是亚力克又很没礼貌地打断了哈里，他认为这不过是趣题爱好者们都熟悉的僧帽趣题，太没有新意了。僧帽趣题是我50年前创作出来的，简单地说就是要求找一种方法把一张纸分成形状和大小完全相同的四块。这次，亚力克以为哈里讲的是僧帽趣题，所以吵吵嚷嚷地要向在场的每个人进行讲解。见此状况，哈里果断地说道："这道题目是要把一张纸分成尽可能少的块数，再拼成一个正方形。本来我还担心自己讲解不好呢，既然这里有一位朋友自告奋勇地要求讲解，那请吧。"亚力克听了趣题的要求，哑口无言。

朋友们，你们知道该如何做吗？

 拼正方形问题之二

　　我曾经听到过这样一个故事：一位聪明的木匠想要堵一个正方形的洞，他找到一块9×16的木板，然后锯成两块，用这两块木板拼成了一个正方形。我认为这个故事是趣题的好材料，因为经过仔细思考我发现，任何长宽比例的长方形都可以通过一定方法拼凑成一个正方形，那么，你能找到这个方法吗？

 波比小姐的羊圈问题

　　之前那道正方形转化为长方形，也就是陌生人卖金砖的题目让我想起了波比小姐的故事。

　　波比小姐想要修建一个羊圈，在修建的过程中，修羊圈的木匠发现了一件有趣的事情：修建一个正方形的羊圈比修建一个长方形的羊圈要少用两根桩子。于是他对波比小姐说："不管是修成长方形还是正方形，所能圈起来的羊都是同样多的，不过，如果是正方形羊圈，那羊圈的每根柱子上都可以拴一只羊，这样，您的所有羊就有地方拴了。"

读者朋友们，你们知道波比小姐至少有多少只羊吗?

010　希腊十字架问题之一

我想讲一系列关于古老的希腊十字架的问题。

热衷于趣题的人都知道，如果将十字架切割成五部分，我们就可以把这五部分拼接成一个正方形。至于切割的方法，几乎所有类似的趣题都给出了图A所示的切割方法，之后便可以按图B的方法拼凑成正方形。原则上，这个题已经是解开了的，但是我一直在想，会不会有更简单的方法呢?可不可以用更少的步骤就能完成这个趣题?我也曾与哈佛大学的校长讨论过这个问题，只切割成四部分可不可以解决问题?当时他告诉我这是不可能的。

不过我并没有死心，我相信是有这样一个答案存在的。于是我悬赏100美元，将这道题作为有奖竞猜题，希望可以发动所有对趣题感兴趣的人，从而征集到可以将十字架转换为正方形的最简单方案。之后我收到了成千上万的答案，我很欣慰大家都在关注这个问题，但是在这些答案中，几乎所有答案都是把十字架切割成五部分，只有一个答案是将十字架切割成四部分拼出正方形的。现在我来考考大家，你们知道应该按照怎样的方法切割成四部分吗?

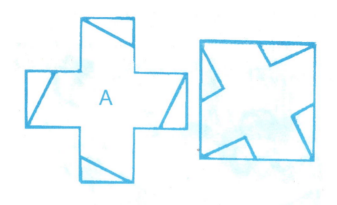

011 希腊十字架问题之二

对于趣题爱好者来说，希腊十字架真是个经典题目。除了上面的这个，还有许多与希腊十字架有关的趣题。其中有一个是这样的：将正方形切割成五部分，用这五部分拼凑成两个大小相等的十字架。这道题目有点难，你能做到吗？

012 希腊十字架问题之三

这道题目与上面一道有些关联，因为在上面这道题出名之后，我发现还有一种更简单的方法，可以只切出四部分来拼凑出两个十字架。大家快来想一想吧！

013 通往数学的捷径

你知道吗？用一个不规则的四边形可以分别拼出正方形、十字架、平行四边形、菱形、长方形和三角形六种几何图形。当然，我想大家都知道什么是不规则四边形，它其实就是指两边都不平行的四边形。这个问题最有趣的一环是我可以把四边形分成五部分，就如下图中的分法一样，并在这五部分的基础之上构思出五道精彩的趣题。

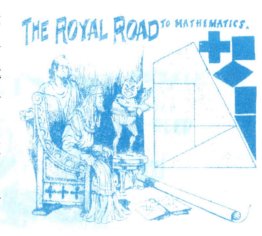

（1）用这五个图形拼出一个正方形；

（2）用这五个图形拼出一个十字架；

（3）用这五个图形拼出一个平行四边形；

（4）用这五个图形拼出一个长方形；

（5）用这五个图形拼出一个三角形。

是不是有点难？如果你能解答出来，我可以很负责任地告诉你，你对几何图形已经非常熟悉了。

014 毕达哥拉斯太太的趣题

毕达哥拉斯太太有个疑问，于是她问她的先生："我想把这块由两个正方形组成的毛料裁剪成一个正方形的垫子，应该怎么裁剪比较合适呢？"我想这个问题要用到著名的哲学家毕达哥拉斯说过的原理："以直角三角形斜边为边长的正方形面积，正好等于分别以两条直角边为边长的两个正方形的面积之和。因此，想要得到的正方形垫子的面积必须等于两个正方形垫子的面积之和。所以，正方形的边长必须与直角三角形的斜边相等。"我们可以根据图中的例子来进一步理解这个定理。请看右上角的小图，图中画的是一个直角三角形，高为3，左边的正方形面积为9。下面的正方形边长为4，面积为16。斜边为5，它所对应的正方形的面积为25，与前两个正方形的面积之和相等。

那么现在再回到毕达哥拉斯太太的问题上来，想要把图中大小两个正方形拼成一个更大的正方形，该怎么做呢？

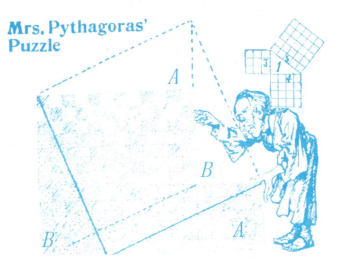

015 马车问题

一次，我和朋友去乡间散步，在路上巧遇他的儿子。当时情况比较紧急，他儿子的马车在转弯时，驾车的小马突然来了个高难度的急转弯，马车几乎要被翻转过去，我们着实被吓坏了。回家之后，父子两人对于马车如何才能安全转弯的问题各抒己见，进行了激烈的讨论。为了证明各自理论的可行性，我们还做了个小实验，而我也收获颇丰，因为在这个过程中我发现了一道趣题。

如图所示，朋友的儿子驾驶着马车做圆周运动，以此来展现他可以驾驭马车使马车不会翻车的能力。两个车轮的距离是5英尺，这样的话，在内圈上运动的车轮每转一圈，在外圈上运动的车轮已经转了两圈。我给大家的题目是，马车外侧轮子留下印迹的圆周长为多少？

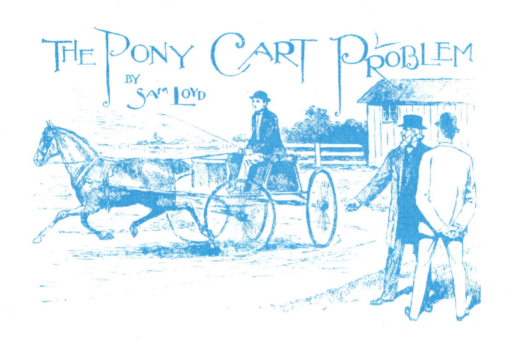

016 古老的灯塔

　　如图所示，围绕在灯塔中柱周围的是带铁栏的旋转楼梯，而且每一阶楼梯下面都有一根小柱子支撑。现在我们知道每两根小柱子之间的距离是1英尺，那么我们就可以轻易地算出走到塔顶需要多少步，而灯塔平台的楼梯高度正好是300英尺。

　　我们可以看到旋转楼梯共有4圈，如果我告诉你，这个旋转楼梯的直径是23英尺10.5英寸，请问你能根据这些数据算出中柱的周长是多少吗？另外，旋转楼梯一共有多少阶楼梯？

017 拼正方形问题之三

　　这道题也是来自实际生活中。木匠有一块上好的木板，如图所示，这块木板的面积是木板上最小的方格的81倍。这也就意味着，如果小方格的边长为1厘米，那么另外两个方格边长应该分别为4厘米和8厘米。现在，木匠想用这块木板做一扇正方形窗户，要求这扇窗户边长为9厘米，而且不能浪费任何一点木料。读者朋友们，你知道木匠最少需要将木板锯成多少块才能拼成一个正方形吗？其实这与前面的拼正方形的问题是一样的，我们需要找到最简单的方式。

018 月牙问题

这次分月牙不是拼成十字架，而是要求用铅笔和直尺画出5条直线来分割画面中的月牙，试试看，你最多能把月牙分成几部分？

019 探月气球问题

科学家向月亮的方向放飞了一个气球，如图所示，气球用钢丝球牵制着，这个钢丝球的直径为24英寸。假如100条这样的钢丝线重合在一起的厚度是1英寸，那么请问，这团钢丝有多长呢？（注：同样高度的圆柱体和球体的体积之比为3：2）

020 红十字护士小姐的问题

图中左一是一名因战斗而受伤的士兵，不过在红十字护士小姐的悉心照料下，他很快恢复了健康。为了表达他的感谢之情，他希望护士能把绑在手臂上的红十字送给他留作纪念。于是，聪明的护士小姐拿剪刀把臂上的红十字套袖剪成了几片，并用剪开的几片拼成了两个大小相等的红十字，这样，她既可以送给伤兵一个，又能给自己留一个。你知道她是怎么做到的吗？

021 说出有多少个立方体

　　公元前432年，雅典的人们在经历了可怕的瘟疫之后，向苏格拉底的学生、当时最伟大的数学家和哲学家柏拉图咨询有关古希腊提洛的问题，因为这与他们的国家未来有关。太阳神告诉希腊人说，他们必须把寺庙里黄金祭坛的面积扩大1倍，这样才能躲过这场瘟疫后续将要带来的灾难。问题是他们无法做到这一点，所以才来请教柏拉图。了解情况之后，柏拉图很感慨这么大的国家竟然没有人有足够智慧解决这个难题。不过柏拉图还是提示他们说，也许他们可以从几何知识里找到答案。

　　让我们来看看黄金祭坛的情况。黄金祭坛其实就是广场上竖立着的一座纪念碑，广场很平坦。其实把几何知识和黄金祭坛联系起来一点都不费劲。如图所示，柏拉图正注视着黄金祭坛，它由一定数量的大理石小立方体砌成，矗立于方形广场的正中央，而且广场也是由大小和质地都相同的大理石小立方体铺成的。现在知道的是，广场地面的小立方体数目和构成正方体黄金祭坛的立方体数目相等，那么读者朋友们，你们知道建成广场和黄金祭坛一共需要多少块立方体吗？（如果要求立方体的数目在1000之内）

022 石磨的问题

我将用这个小趣题来告诉大家怎样用最简单的方式来讲解圆的面积问题，虽然这对我们来说可能不是很常用，但对于那些经常在普通车间工作的人来说却是非常重要的。

两个憨厚的叙利亚人共同买了一个石磨，但是他们不知道应该把石磨放在谁家保管，他们两家相隔很远，不可能随时到另外一家去取石磨。后来，他们想了个办法，决定由其中年长的那位先保管石磨，一直到石磨的面积因磨损而减小到原来的 $\frac{1}{2}$ 时再交给较年轻的保管。如果说最初石磨的直径为22厘米，中间转轴穿过的地方是一个直径为3厘米的圆孔，那么请问，这个石磨在交给另外一个人的时候它的直径是多少？

023 轿子问题

说到交通工具，可能中国的轿子是别的国家所没有的。在中国生活了大半辈子的人在提起这个特殊的交通工具时可能会说："其实坐轿子比骑马更加舒服和便捷，你很快就会习惯坐在轿子里被抬来抬去的感觉，很不错。"

轿子有个特性，在下雨时需要把门关起来，不能留一点缝隙，否则雨就会漏进去。由此，我想出了一道关于轿子的趣题。图中有一顶轿子，你要如何通过把轿子剪成几部分，然后将它们拼成一个正方形？在这些方法中最少可以把轿子剪成几部分？

024 马蹄铁问题

如果想要用两刀将图中的马蹄铁分割开来，使每个部分都只有一个钉眼，你知道怎么去切割吗？

025 狗头姜饼问题

接下来还是一道简单的切割操作题。如图所示，图托尔斯有一块狗头形姜饼，他想要把姜饼平分给另外两个兄弟。但是如何才能平均分割呢？为了公平，图托尔斯希望能把姜饼分成形状相同的两块，这样就不存在大

小不一的问题了。但是图托尔斯却不知道该怎么分。聪明的趣题爱好者，你能帮助图托尔斯解决这个问题吗？

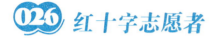

026 红十字志愿者

这又是一道关于剪裁的趣题，传说它是由山姆大叔的救护队里的一位志愿者姑娘想出来的。救护队要给护士们做一些十字架臂章，但是红色法兰绒却很有限，如果按照正常的剪裁方法是无法做出足够数量的臂章的，所以姑娘们要把一块正方形的布料剪成5片，然后用这5片拼成两个同样大小的希腊十字架，而且不能浪费一点布料。你知道该如何做吗？我想这个心灵手巧的姑娘说不定就是那个一剪刀就能剪出五角星的贝蒂罗斯的直系后裔，他们的家族遗传了这样卓越的几何头脑。那么现在，快点开动脑筋吧。

027 锯木板的新方法

趣题都是可以倒着推理回去的，例如下面这道趣题。

将图中所示形状的两块椭圆形板子分割成几块，然后用这些碎块拼凑成一个像桌面似的圆形。

或者可以逆向思维，把一个圆形板子分割成几块，当然，还是要求分的块数最少，然后用分开的几块拼凑成图上的两块椭圆形板子。你可以吗？

028 小木匠

如图所示，两个小木匠想用这个桌面给狗舍做一扇门，那么他们最少需要把桌面锯成多少块才能做出理想的门？

029 布线问题

做哪一种职业都很不容易。一位电工接到一份施工合同，合同要求他在一个大厅的后墙装一个话筒，话筒要与前门的按钮相连接。之所以装这样一个话筒，是因为管理员已经被那些滔滔不绝的人们烦透了，有了这个话筒后，他就可以借此提醒这些人他们的演讲应该停止了。但是对于需要多长的电线大家都无法判断出来，于是他们来找我，希望我能帮助他们。借此我想给读者朋友们出一道趣题。如果大厅宽12英尺，高12英尺，长30英尺，要求必须贴紧墙、天花板和地面布线，话筒位置在后墙的正中央，离天花板的距离为3英尺，按钮在前墙的正中间，离地面3英尺。那么，如果不考虑墙的厚度和电线的单双股问题，电工最短需要多长的电线才能完成这个任务？

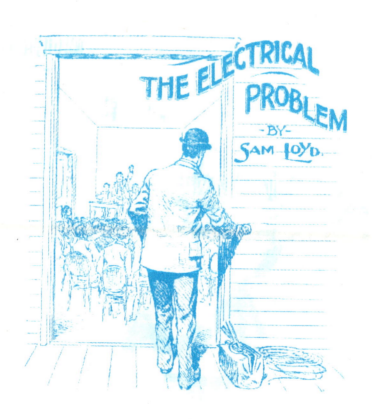

030 小丑的表演

小丑用五个三角形表演了一个戏法，很受观众们的欢迎。演出完成之后，他突发奇想，把其中的一个三角形切成了两半，然后用它们和另外四个三角形拼成了一个正方形。

这个小把戏你也可以胜任。取五个完全相同的直角三角形纸片，要求直角边分别长1英寸和2英寸，然后把其中一个剪为两半，用它们与另外四个三角形一起拼成一个正方形。你可以做到吗？你知道要怎么剪开这个三角形吗？

031 星条旗问题

我们应该都知道，美国的国旗最初只有13条条纹的。但是由于弗蒙特州和肯塔基州也加入了联邦，所以根据1794年颁布的法案，在国旗上增加了两颗星和两条条纹。我们现在要做的，就是把15条条纹的美国国旗还原成13条，而且还要求切割的次数要尽量少。另外，记着不能浪费一点布料哦。

第一部分　几何图形转换、拓扑奇趣

23

032 鹅变蛋

你听说过"鹅哲学家"的故事吗？这只有思想的鹅为了搞清楚先有蛋还是先有鹅这个演化问题和别人急红了脸。不过在这个题目中我们不讨论这个问

题，我只想告诉大家如何将鹅形的纸片剪开拼成一个蛋，或者把蛋形的纸片剪开拼成一只鹅。别小看这个趣题，它可不简单，而且也许它还会有助于你思索上面这个哲学问题。那么，你知道鹅变蛋和蛋变鹅分别需要怎么剪裁和拼接吗？

033 枷锁问题

将一张正方形纸片剪成两部分，然后用这两部分拼成一个与图中囚犯所戴的枷锁形状相同的图形，你能做到吗？要求不能有任何损耗，而且纸片上要有一对拷手的正方形开口和一个固定头部的开口。

玛莎的葡萄园

殖民地时代，一位健壮的殖民者带着他的女儿玛莎来到一个贫瘠的小岛上，希望通过辛勤的耕作来开垦出一片葡萄园。小岛上的土地里都是大大小小的石头，他们耕作得很艰难。为了鼓动玛莎的劳动热情，这位殖民者送给玛莎一块 $\frac{1}{16}$ 英亩的土地，在这块地上，玛莎可以自己开垦，自己决定种什么作物，收获的果实也全部归她所有。

岛上的人们都种植葡萄，于是玛莎模仿着其他人的方式种植葡萄。根据葡萄的特性和种植者的习惯，在种葡萄时要保证每两株葡萄之间的距离至少为9英尺。到了收获的季节，玛莎收获了很多葡萄，她的产量超过了岛上其他任何葡萄园的产量。不仅如此，聪明的玛莎还培育出了很多新的贵重品种，之后这些品种逐渐在岛上普及。

玛莎创造了一个小小的奇迹，现在该我们了。如果按照每两株葡萄间隔9英尺的要求，你知道玛莎的葡萄园里最多能栽种多少株葡萄吗？（注：1英亩等于 $208\frac{71}{100}$ 英尺，这样 $\frac{1}{16}$ 英亩等于52英尺2英寸。）

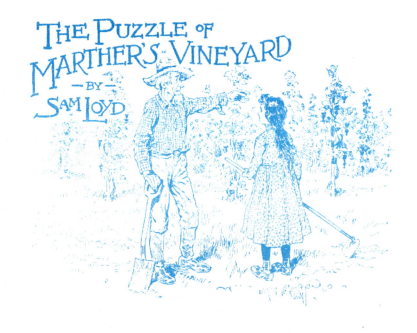

035 优等生的问题

　　简妮每门功课都非常优秀，是学校公认的最聪慧的女孩。她还很有幽默感，曾经用自己的趣题逗笑了全校的师生。这天，简妮碰到了乔伊，她给乔伊演示了一道新的趣题。如图所示，简妮在墙上画了6个小圆圈，她对乔伊说："如果我这样摆放这些圆圈，你现在只能看到2条穿过3个圆圈的直线，但是如果我移动其中1个圆圈的位置，你就能看到4条穿过3个圆圈的直线。你知道怎么移动吗？"这道题目看起来很简单，那你能猜出怎么移动1个圆圈吗？

036 开运金马掌

　　这个"幸运物"趣题的题材取自几年前我在西部拍摄的一个广告片段。在片子里，我扮演一个有上进心的年轻人。为了寻找如何成功的信息，我来到一个镇上，向镇上的一个成功人士请教，他靠五金生意发了大财。他告诉我：成功的秘诀就在于找到你的长项，摒弃你的短处，于你的长项上坚持不懈，一直到你在这个行业里独占鳌头。

　　之后我问他，我攒了7分钱，但是我不知道如何用这7分钱才能发大财。他并没有直接回答我这个问题，只是说这是一个不错的谜题，而且建议我一辈子就认定它，我的脑袋适合做这个。我听从了他的话，所以有了今天的我。

　　为了证明他说的话没有错，他还给我讲了他现在拥有的五金店铺的故事。记不清是多少年前了，一个裁缝建造了这个商店，把一块金马掌钉在了门框

上，并在上面刻着他的长项："PANTS（裤子）。"五年之后他赚了很多钱，于是盘出店铺，告老还乡。之后一个卖酒人接手了这个店铺，他很聪明，只改变了一个字母，使得金马掌上的字变成了"PINTS（品脱，一种液体计量单位）"。再后来这个店铺做过花店、皮草店、珠宝店，接着又被管子工和药铺老板看中，再后来又来了公证员、石匠、棺材铺老板、杂货店老板、造船工，直到现在的五金店。有趣的是，每个人接手后都只改动了金马掌上一个字母，使上面的词变成了自己的长项。大家都认为这块金马掌是一个吉祥物，保佑大家马到成功。这个店的历史太长了，我已经记不清其中的一些行业了，听说亚伯拉罕·林肯也在这里干过，此后又经历了6次改动，每一次店主人都功成名就。但是我们却可以根据现在马掌上的字推断出来这个词汇的变更顺序。聪明的趣题爱好者们，你们能推断出来吗？你们知道从单词"PANTS"到"NAILS"是按照怎样的顺序变更的吗？记住每次只能改变一个字母哦。

037 自行车旅行

因为"佳途协会"为改善乡下的路况做出了很大努力，所以一些媒体人士倡议大家应该做点什么来向广大车友宣传一下这个协会的成绩。有的人提出建议：可以让大家将崎岖的拐角修成圆润的转弯，或者劝导那些在沿途撒地板钉的讨厌鬼，让他们沿途撒播花种。总之，不管是出于什么目的，这个倡议还是得到了不少人的认可，甚至还有人为此画了漂亮的地图。幸亏有这幅地图，我们才有了下面这个趣题。

地图上是宾夕法尼亚州的23个主要城市，它们之间通过漂亮的自行车车道相连接，我们可以把每个城市都编个号，以便于完成题目。其实问题非常简单，假如以费城为起点的夏季旅行行动，最终要到达伊利。沿途必须经过每一个城市，并且不能重复路过任何一条道路，你能找出几条这样的路线？与以往的题目不一样的是，这个题目并不要求像往常那样走"尽可能短的路线"，只要能够到达目的地，即使走弯路也没关系，所以不必考虑路线的长短，我只想知道你能找到满足条件的路线。

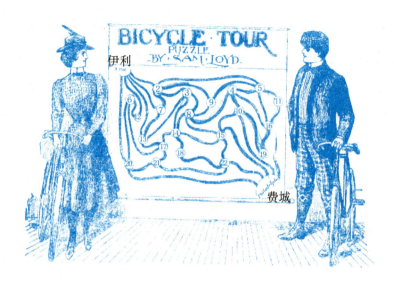

038 哈克莱彗星的轨迹问题

这道天文学趣题是为了说明哈克莱彗星的不规则运动轨迹而设计的。题目是这样的：

如果彗星从中间白色小星星的位置开始移动，图中要经过星座里每一颗黑色星星，最后到达白色大星星所在的位置，那么这颗彗星至少需要直线移动多少步？

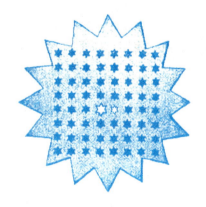

039 军事战术

温菲尔德·斯科特将军曾经对陆军部长斯坦顿说过一番不同寻常的话，这些话不仅在当时也引起了不小的轰动，而且直到现在依然让人记忆犹新，而且他说："我们可以找到20名指挥官指挥一个师的士兵开进一个公园，但是在他

们之中却没有一个人能清楚地知道如何让士兵们从公园里走出来!"后来，这番话被看作对我们在盛大节日中的阅兵部队的严厉指责。

因为我知道斯科特将军是一位老练的国际象棋棋手，所以我编了一道奇妙的国际象棋趣题，准备有机会就送给他，而这道题说的就是如何派部队进出公园的战术问题。为了便于找出答案，我们可以把这个公园看成国际象棋棋盘的方格。这道题目要求部队从一个门进入，经过每一个方格，穿过中间的凯旋门，然后从另一个大门出去。什么样的路线能尽可能少转弯?当然了，每走一步都必须像国际象棋中的车那样走，且走过的方格不能重复。

我们也可以简化一下这道题目。在纸上画一个8×8一共64个方格的图，以图中的两个门分别作为起点和终点，尝试着用铅笔画过每一个方格，记得要通过中间的拱门，看看你能不能找到最简单的路线。大家一定要有耐心，因为你可能得尝试很多次才能找出较短的路线。不过如果你找到了答案，你会发现它确实很有意思。

040 野猪逃跑的路线问题

如图所示，这道题与前面的军事战术问题颇为相似：果园的门敞开着，野猪跑进园里偷吃了所有64堆西红柿后逃跑了。我不知道它是否以右下图所示的路线逃跑，但是我知道它没有碰到中间有21次直角弯的黑色栅栏。那么现在可以肯定的是，野猪可以不按照图中路线那样转弯多次。

041 猴子爬窗问题

　　这也是一个找路线的问题。卖艺人牵着他的猴子来到一幢居民楼下，一定要为楼上的观众们表演节目，楼上的住户很无奈，只得同意。表演完后，卖艺人派猴子到楼上去要赏钱，然后再回到主人的身边。我对大家的要求是，如果猴子从现在的位置出发，最后要回到卖艺人肩膀上，你能帮猴子找到一条最短的路线吗？

THE MONKEY'S PUZZLE

042 邻居修路问题

如图所示，一个大院子里住着三户人家。现在最大房子的主人想要修一条通往院子大门的路（大门在图的正下方），左边的人家想要修一条路通向右边的小门，而右边的人家想要修一条路通向左边的小门。但是三户人家都不希望自己修的路和其他路交叉，那么你知道他们应该怎么修这三条路吗？

043 日本水雷阵

如图所示，这是日本军队在阿瑟港布下的严密水雷阵。一艘敌军军舰想要从左面最下方到达左面最上方，并且中途只能转弯一次。那么我们现在需要做的就是从底线开始画一条直线，直到中间某个地方停下，然后再从这里开始画另一条直线，连接到图的左上角，这也就是军舰的路线了。

那么请问，你知

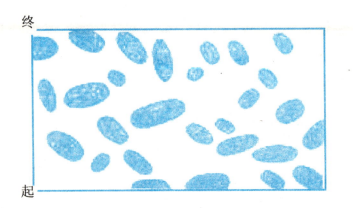

终

起

道怎么走才能顺利通过水雷阵而不碰到任意一颗水雷吗？

044 找名字之一

圣诞节时，"趣题王国"的孩子们送给老师一床拼花被，如下图所示。这可不是一床简单的拼花被，在这里你能够找到所有男孩的名字。不过我有一个小要求，你可以从任何一个字母开始，但是下一个字母的位置必须与之相邻，这样的话，试试看你一共能找到多少个名字？

045 巡警的路线问题

自从克兰西加入巡警队伍那天起，有个问题就一直困扰着他。他的任务是整个社区的巡逻，如图中所示，路线的起点是图上指挥棒所指的地方。这本来没什么困难的，但是领导的一个要求让他苦恼不已。领导说，他在每次转弯之前所经过的每个大街小巷的房屋数目都必须是奇数，且同一段路线不得重复走过。趣题爱好者们可以帮他出出主意。

他画了一张路线地图，想找到最好的方案。图中的虚线代表他现在在执行

的巡逻路线。这条路线途经28座房屋，图上已经用白色标出。但显然，如果走这条路线，他无法巡逻他片区内的所有住户。那么读者朋友们，你能否帮助克兰西找到一条路线，既能满足领导的要求，又能使他所经过房屋的数目尽可能地多？自然，这条路线要同前面的路线一样，由指挥棒所指的地方为起点。

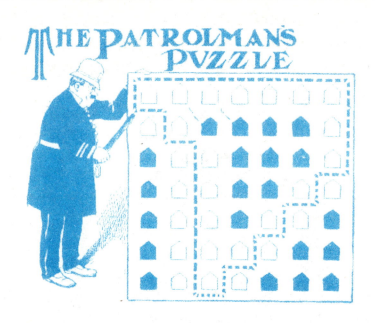

 舰队司令的难题

舰队司令塔格正在给学员们演示如何只转弯七次就驾驶军舰从五个圆环中心穿过，之后还能再回到起点。但是，司令告诉他的学员，其实，如果运用海军战略，根本不必转弯七次，更少一点也可以完成这个任务。

那么你知道最少需要转弯几次吗？

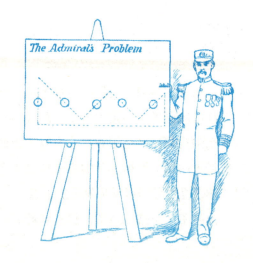

047 趣题公园问题

　　趣题公园住着八户人家，他们每家都有一个出入公园的门口，而且这个门口就在每一家房门的正对面。在去往自己的出口时，他们只能通过一条树林中的私家小路到达，而且任何两户人家的小路都没有交叉，也因此没有任何一户人家曾经撞见过他的邻居。不过其中几条小路要拐很多弯，但是不必担心，他们每人都随身携带着地图，上面标注了出门的路线，所以，他们不会迷路。

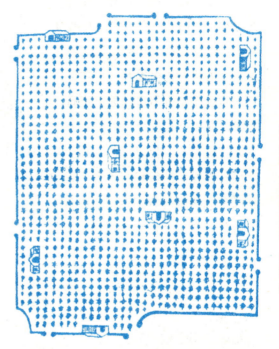

第一部分　几何图形转换、拓扑奇趣

　　我也给大家画了一张地图，要求你在上面标出每家的房门到对面公园大门的路线。当然，每两条路线都不能相互交叉。

048 从克朗代克归来

　　关注趣题的人可能都知道，伟大的数学家欧拉找到了一个解决迷宫问题的万能法则，这个万能法则的关键就是反向思维。不过，如今，欧拉的万能法则已经不再万能了，下面这道迷宫趣题就是他不能解决的，而这道趣题正是为了打败这个方法而设计的。可能在成千上万的题目中，万能法则唯一不能解决的题目就是这道。

如下图，从正中央的心形开始，沿任何方向直线走三步，可以是东、南、西、北、东南、西南、西北和东北随意一个方向。在沿直线走过三步之后，你会发现你到达了一个方格，方格里有一个数字，下一步就按照方格里的数字进行，数字是多少，你就可以沿任意方向再直线走几步，但是记住，你必须严格按照显示的数字走下去，直到你随着方格中的数字走到边界外一步的位置。那么仔细想想吧，要怎么走才可以呢？

迪威枕套谜语

请看下面图中的枕套，从左上角开始，如何才能按照顺序将24个英文字母组成一句有预言性质的成语？

050 标记趣题

你可以用一笔连续画出图上面的标记吗？注意中间不允许有交叉。如果你想挑战自己的话，那不妨尝试对着镜子画这个标记。

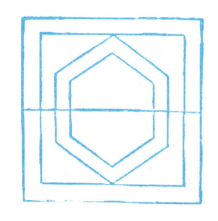

051 读句子

在历史上曾有一段时间十分流行字谜，那时候很多人想方设法去构造一些顺读和倒读都相同的单词和句子，即有名的"回文"。例如，单词level、eve、gig等，它们从左到右和从右到左的读法都相同。还有一些语句中也是这样，例如，亚当欢迎夏娃时说："Madame, I'm Adam."还有这个句子："Name noon man."这一预言现象的历史非常悠久，所以现在常被人引用的拉丁语与法语箴言中也经常可以看到一些经典的例子。

下面图中是我设计的一个回文趣题，早先是为一个提倡戒酒的社团所作，现在我们可以用它来测试一下趣题爱好者的技巧与耐心。题目是这样

的：要求你找到并读出戒酒句子"Red Rum & Murder"（红酒和谋杀），你可以找到多少种方法？题外话，我劝你一定要在头脑清醒时读这个句子，喝多了你会数不清楚。另外，在读的时候，你可以从图中任何一个"R"开始，方向不限，向上、向下、向左、向右，甚至可以沿着斜线的方向去读下一个相邻的字母，我唯一的要求就是，尽可能多地说出有多少种方法。

052 过桥捷径

这道趣题有着比较特殊的价值，一是因为它包含了此类问题的一般原则，二是因为与它相关的一些古老而奇妙的历史。大家都知道，柯尼斯堡是普鲁士的第二个首都，它被普雷盖尔河分成四部分，这四部分中就包括内福夫岛，在下面的地图中有所显示。在柯尼斯堡，有八座桥连接着这个城市的四个不同部分，也因此而产生了不少与这些桥有关的问题，这些问题在一段时间内曾极大地困扰了柯尼斯堡善良的市民们。

柯尼斯堡的人们喜欢在桥上散步，这甚至成为年轻人的一种乐趣和消遣。但是，不知道从什么时候开始，出现了一个关于这些桥的问题，那就是：要把这些桥都走一遍需要多长时间？更令人惊讶的是，后来又出现了一个令人吃惊的断言：如果每座桥都只走一次，那么想要把这些桥走遍是不可能的。

而且，关于这个问题，在历史上还真有这么一段事实。1735年，一个年轻人访问了数学家伦哈德·欧拉，希望他能帮助解决这个热点问题，用科学证明这个问题的答案究竟是怎样的。一年以后，欧拉向圣彼得堡科学院提交了一份关于这个问题的长篇报告，在报告中他声称，确实无法一次走完这些桥。这篇报告发表在1741年的《科学院报告第8卷》上，后来还曾被知名的数学家们用法语和英语发表过，因为除去这个问题本身，欧拉还在报告中提出了一个适用于任意数目的桥的原则。

这个问题引来很多人的关注，英国剑桥大学三一学院的W. 劳斯·鲍尔（W. Rouse Ball）教授也在他的伟大著作《教学游戏》（*Mathematical Recreations*）中讨论了这个问题的由来和价值，不过他在书中犯了一个小错误，把这个问题说成是由欧拉在1736年最先提出来的。而且他提出了一个疑问，根据贝德克尔出版的导游指南，那里过去是现在仍然是七座桥，那么又哪里来的八座桥之说？另外，也许我们可以这样考虑，欧拉在1735年还很年轻，那时候他还并不出名，而在这之后将近50年里他才成为一位有名的数学家，所以那时候他有可能犯了从某些无法得出结果的地方出发的错误，比如我的

"14~15滑块游戏"的某些组合就是无法得出结果的。

再回到趣题本身来。这个题目并不要求回到出发点，只要求你能走完所有的桥。而且现在我们确信一次性走完这些桥是完全有可能的。我的问题是，希望读者朋友们尽可能多地找出路线，告诉我有多少种不同的走法？哪一种走法是最短的路线？

053 爱丽丝漫游奇境记

仔细看图，你能用多少种不同的方式拼出"Was it a cat I saw?"（我看见的是一只猫吗）？

这句话来自于《爱丽丝漫游奇境记》，大家对爱丽丝和那只柴郡猫记忆犹新，因为那只奇特的猫能隐没在微风中，只剩下它那张不抗拒的笑脸。爱丽丝在第一次见到这只奇特的猫朋友时，她还不知道那是一种什么动物。在奇境国习惯用写字来提问，于是她写出了她的问题。不过在奇境国里，人们念东西通常是从右到左倒着念或是从上到下、从下往上念的，所以她也按照这个习惯写了下

来，就是图中的样子。你可以从你喜欢的任何地方开始，到任何地方结束。

我想问大家的是，你能用多少不同的顺序读出爱丽丝的提问——"Was it a cat I saw?"当然，在读的过程中也有规则：你可以从任何一个W开始，照着这个句子的字母排列顺序，沿着相邻的字母一直读到C，然后再从边上开始读，直到读到边上的任何一个W。而且，你可以不遵守奇境国的习惯，上、下、左、右四个方向读都没关系。

"戈尔迪"结

　　戈尔迪乌斯是一位质朴的乡下人，他曾经养过羊，也栽种过葡萄，后来由于他的聪明才智，他成了弗里吉亚的国王。据说当他登上王位的时候，他用绳索把以前的用具都捆了起来，这种捆法十分特别，以致谁都无法解开那些结，而这就是历史上闻名的"戈尔迪"结。之后，神谕宣称，谁能解开这样的结，谁将成为国王。

　　这一说法引来很多人的垂涎，据说，亚历山大大帝就做了许多尝试，想解开这些结，但是都徒劳无功，欲速则不达。最后，他被激怒了，抽出剑砍断了绳子，并叫嚣着"这有什么难的，我用这种最简单的方式就可以做到！"亚历山大大帝的这种做法真是让人气愤，但是奇怪的是，很多熟悉这个故事的人却并不这样认为，他们认为这体现了一种骄傲的气派。这种所谓的气派后来甚至一直被流传了下来，当他们克服了一些困难的时候，就会喊道："我砍断了'戈尔迪'结！"这真是令人难以理解。

　　当然，到了今天，尽管气愤，我们也不可能改正对戈尔迪乌斯的不公正的看法了。然而，作为一个真正的趣题家，我感到悲哀。我谴责亚历山大大帝的这种专横行为，他参加趣题竞赛，但是又自封为仲裁人，自己给自己荒谬的答案授奖。而祸害不仅如此，他这样无疑是开创了一个危险的先例，鼓励那种掠夺趣题的行为，显然，这种行为到现在还存在。因为我们经常会发现一些年轻的"亚历山大们"，他们根据自己的想法解答趣题，并蛮横地认为那是正确的，有时还会效仿海盗的方式掠取战利品。

　　也许有人会怀疑，是不是这个结真的没法打开？根据历史学家和所有相关作家的说法，这个趣题是准确的。而且它被描述得如此详尽，以至于人们百般尝试，想将它描绘出来。后来，戈尔迪乌斯的效仿者们创造出了一些稀奇古怪而结构复杂的结。我无法知道如果再有人像亚历山大那样去解开这些结的话，这些出题者会是什么表情。我唯一能想起来的抗议就是这些年代久远的诗句：

　　一个趣题没有被解开，不耐烦的先生，

第一部分　几何图形转换、拓扑奇趣

转瞬间偷看了一眼答案——

当戈尔迪乌斯、这个农家孩子出身的弗里吉亚国王，

用那声名远扬的结，

捆起他耕作的农具，急躁的亚历山大，

没能解开而把它一砍为二。

在我写出这道趣题前，我查阅了大量的百科全书，这些百科全书都认为绳子是这样捆定的：找不到绳头，农具被系在神庙的一个U形钉上。此外，我同意拉蒂默的提示，那些农具可能是分开系着的，而且我认为他的另一个提示也很有用，可以用修枝用的大剪刀作为研究案例。

其实这道趣题在日常生活中也经常可以用到，不论是夏季出游还是在海滨度假，它都是很有用的。只不过，那些处于"发狂的人群"中的人是肯定解决不了这个问题的，你必须要有耐心、恒心静静地琢磨，你会发现其实它很容易被解开。

那让我们来做这个实验吧。取一根大约1码长的绳子，把两端系在一起，使这根绳子成为没有绳头的一个绳圈。拿一把普通的剪刀，按照图中那样把绳子绕在剪刀上，注意不要把绳子穿过U形钉，而是把它拉伸开来，像套项圈那样把绳子套在一位小姐的脖子上。大功告成，让她坐在一个舒适的位置上，你们可以试试看谁能把剪刀取下来。

055 军舰行动

　　下图所示的场景是参加美西战争的舰队司令在制订舰队进攻计划，这个计划的目的就是追击敌军的小型炮艇编队并将它们摧毁。

　　现在，如果以大型军舰所在的点为出发点，要找到这样一条连续的航线，使军舰能沿着这条航线打击到所有63只敌军炮艇并最终返回起点，你知道这条航线在哪里吗？我想这个问题应该难不倒大家，那么，来点难度，你能找出那条所用直线数目最少的航线吗？

056 火星上的运河

　　当我们从另外一个星球上看地球时，会发现很多不一样的东西。图中所示为在距离我们最近的行星——火星上发现的各个城市及其水道，这些以前从未被发现过。由于这幅简图的启发，我发明了一道趣题。从南极的城市T出发，经过图中所有的城市，然后将代表所经过城市的字母按经过顺序排列，用这些字母构成一个完整的英语句子。当然，还是要求每个城市只能经过一次，最后回到出发点。

这个趣题最初是发表在一本杂志上的，发表之后，杂志社收到五万多封读者来信："根本没有这样的路径存在 (There is no possible way)。"但是我想说，其实这个题目很简单。读者朋友们，你们知道答案吗？

057 邮差的路线

如图所示，邮差负责图中六个街区的邮件，但是现在他遇到了问题，想找你帮忙。你能帮他找出他可以走的最短路线吗？你可以从这些街区的任何地方开始，但是记住只能右转弯。为了说得更清楚些，我们可以将横向的叫做A街、B街和C街；将纵向的叫做1路、2路、3路和4路。你能帮助邮差吗？

058 小鸡变蛋

图中有一个小鸡图形，你要用什么方式才可以把图形分成两块，然后再用它们拼成一个完整的鸡蛋？

059 玉米地里的乌鸦

这道趣题的灵感来源于一位知名的鸟类学家的描述，他了解鸟类的习性，也见识过鸟类的聪颖。例如，有一次他看见一群乌鸦飞进一块玉米地里，并各自散开，看起来像是在采用某种战术。这些各自占据的位置就像军队的岗哨一样，相互之间保持着视线通畅，而且能在危险来临时通过信号通知整个鸟群。乌鸦们通过什么方式联系我们不去追究，我只想给大家讲述一下我据此发明的岗哨部署趣题。

假设这个棋盘就是玉米地，棋盘上的64个点代表玉米地里的64堆玉米芽。请问你要怎样将8只乌鸦放在这些点上，要求不能有任意2只以上的乌鸦在同一行或是同一条斜线上。因为如果出现这种情况，持枪巡逻的农夫可能会一枪打死2只乌鸦，这样损失就太大了。以前我也曾出过一道类似的趣题，将8个王后放在棋盘上，如何放才能让其互不侵犯？不过这道题目有些问题，因为只有这些条件限制的话，得出的解答方法有12种之多。当然，读者朋友们可以放心，这道题目有了些改进，答案是唯一的。

马和牛起身的区别

看看这幅画，你能说出马和牛在起身时候有什么区别吗？

我想你可能无法画出牛和马起身的情景，因为只有生活在乡下的人才有可能知道这些。不过我猜马和牛的祖先在很久之前一定是这样起来的，所以，这样不同的起身方式就沿袭下来。

 大象与小孩

这里有一道题目，它可以充分锻炼想象力。

如图所示，假如大象后腿上的链子突然断了，会发生什么可怕的事情呢？大象可能压在小丑的身上，也可能把另一个小男孩抛起来。该怎么制止这个悲剧的发生呢？那么试着把图片剪成两半，再拼起来，从而得到最佳方案吧，让悲剧变成喜剧。

第一部分　几何图形转换、拓扑奇趣

062 手表指北针

　　人们忽略常识是经常性的。这么说是因为我经历过这样一件事。我曾经遇到过一位美国朋友，我询问他哪个方向是北方，他却立刻拿出他的表。我很奇怪，难道他的手表上装了指北针吗？他回答说并不是这样，而是所有的表都可以当作指北针来使用。而且，对于我不知道这个常识，他显得很吃惊。我马上请教他怎么把手表当指北针用，原来方法很简单，将手表平放在手掌上，让时针对准太阳的方向，这时候时针和12点方向会成一个夹角，而这个夹角的平分线指的方向就是南方，其反方向就是北方。

　　你是不是也忽略了这个常识？那么，你知道这是为什么吗？

063 彼得陈的椒盐卷饼

这是一道简单的小型画线题，如果你觉得前面的题目有些难，那不妨试一试这道题。

如图所示，彼得陈拿了一个维也纳椒盐卷饼，让他的伙伴们猜测他一刀能把卷饼切成多少块。

我们可以假设图中是一个货真价实的椒盐卷饼，请你画一条直线当作切的那一刀，把这个卷饼切成尽可能多的块数。

064 秃鹰湾的打野鸭子趣题

实践出真知，秃鹰湾周围的居民都对下面这道题目很熟悉，因为打野鸭子是这里人们的主要活动之一。猎人们在打野鸭子的过程中会遇到很多难题，正是这些难题给了我趣题的灵感，我相信趣题爱好者们一定比我更熟悉这些题目。

那我先来说一道符合我风格的简单题目。

如果你想一枪打下多只野鸭子，肯定需要高超枪法，除此之外，还必须把几只野鸭子排列在一条直线上。我仔细观察过，野鸭子习惯排成两列飞行，每一列有1只野鸭子带头，如图所示，我们可以看到有4只野鸭子的直线共有3条。那么现在，如果我是个神枪手，我可以很快打下1只，或者有可能是2只。但是我的野心可不止于此，我想要一下子打下4只，如果不行，我宁愿1只也不打。这时，我发现有几只野鸭子改变了位置，但是这个改变竟然使4只野鸭子排在一起的线变成了5条。

我就把这个作为一道趣题。图中有10只野鸭子，有4只野鸭子的线有3条，要如何通过改变几只野鸭子的位置，让图中有4只野鸭子的线达到5条呢？至少要改变几只野鸭子的位置？

065 摆杯子游戏

这道趣题可供茶余饭后娱乐之用，因为它需要不少杯子。

如图所示，题目需要8个酒杯，其中4个是空杯子，4个装了一些酒，要求变换相邻2个杯子的位置，最后令空杯子和有酒的杯子间隔排列。你知道要怎么移动这些杯子吗？想要做好这道题目，表演者技术的娴熟和动作的敏捷是关键。一定要迅速移动，不能有半点犹豫，否则就会被别人看出奥妙所在。

第一部分 几何图形转换、拓扑奇趣

066 学习的捷径

　　这个故事严格来说并不是趣题，我只是想说明一个道理：学无止境。不知道大家是否知道古希腊数学家和哲学家欧几里得（Euclid，公元前300年），据史书记载，他曾经想要向托勒密国王讲解圆的分割问题，但是这位独裁者却对这个不感兴趣，并且粗暴地打断了他，冲着他吼道："这个课程太枯燥了，而且一点用都没有，我不想费心听你的讲解！"欧几里得听到这些话后很生气，对国王说："既然这样，那请陛下允许我辞去御师的职务吧，因为数学是没有捷径可走的，我无法再为国王讲课了。"

　　这时候，一旁站着的宫廷小丑比波突然说道："你说得很对，欧几里得！"他挤到黑板前说，"既然这样的话，我想我很荣幸能接任这个职务，而且，我可以证明高深艰涩的高等数学原理是可以用小孩子都能理解和记忆的方法来讲解的，并不是你说的那样，只有枯燥。"

　　接下来，比波又断断续续说了很多他对这个问题的理解。

　　"哲学家们也都说过，在快乐的气氛中学习到的东西是终生难忘的，因为知识是无法被强行塞到脑子里去的，所以如果只让学生们死记硬背一些规则，这对于学生来说并不是最佳的方式，何不让学生用自己的语言和理解去制定规则呢？如果只会教授规则，那这样的老师我想更适合去驯鹦鹉！

　　"如果以更灵活的方式呈现枯燥的数学问题，那么那些抽象的定律就会变得更容易理解；假如我们试着从历史片段中搜寻例证，那么你会发现你的头脑会对有价值的信息记忆更深刻。

　　"其实数学是任何人学习过程中的一个重要组成部分，而且它还是艺术和科学的根基，所以数学不但对于成功人士来说极其重要，对于那些想要培养清醒的头脑的人来说也是必不可少的。因此，我想每一位父母都应该意识到及早培养孩子们对趣题的兴趣的重要性，这个作用是多元的。"

　　接着比波对国王说："如果陛下不反对，现在我就可以用简单的方式来讲解圆的分割问题。不过我需要宫廷传令官汤米·里德尔斯的帮助，虽然他的数学技能可能只局限于简单的加减法，但是我就是想要说明，即使像他这样缺乏数学技能的人，一样可以理解圆的分割问题。那么，用一把小刀沿着直线切7刀，最多可以把一块德式薄饼分成几块？

"除此之外，我想我可以给大家一个思考题，让大家对此的印象更深一些，甚至有可能是永生难忘。你们想过吗，为什么悬在我们头上的'达摩克利斯之剑'要做成弯曲的形状?仔细想想，这可是一个既科学又实际的问题。

"另外，我觉得我有必要说一下那个'笨人难过的桥'的问题，这可是我们敬仰的数学家欧几里得先生著名的第47号命题：它证明了'斜边的平方等于两个直角边的平方之和'。那么现在我想请教这个命题的作者、亲爱的欧几里得先生，如果要围成一个某直角边为47根横杆那么长的直角三角形，总共需要多少根同样长度的横杆呢？"

现在，数学家的47号命题变成"宫廷小丑的47号命题"了。不过我们先不说这道趣题的答案，我只是想要证明：就算是杰出的数学家仍然可能需要学习很多东西，学无止境，永远不要以为自己已经了解了全部。

067 找星星

这是一道天文学研究趣题，虽然我写出这道题的初衷是给小朋友的，但是大人们也可以参与进来，你会发现它并不是很容易。请问，你能从图中找出一颗标准的五角星吗？

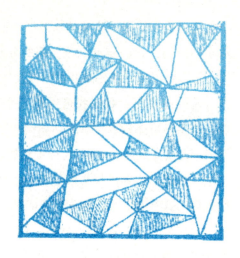

068 瑞士国旗与正方形

聪明的嘉丽·瑞茨小姐会玩一种很漂亮的把戏，其精妙之处可以和一刀剪成一个五角星的巧妙不相上下。这一天，当她的父亲问她可不可以用瑞士海军的旗帜来想出一道几何趣题时，嘉丽小姐从容地捡起一块红色墙纸的剩料，然后熟练地将它剪成了不同的两片。我们不得不佩服嘉丽小姐的奇思妙想，这两片被剪开的剩料用她的方式拼接起来刚好形成了一个有着白色十字的瑞士国旗图案，就如图中她左手拿着的墙纸一样。那么你知道嘉丽小姐是怎么进行剪裁的吗？

069 小马谜题

在海平面上方几千英尺高度的一座山壁上刻有一个巨大的白马形状的图案，远远看起来它好像有几百英尺长。因为海平面将山壁和人们隔开了大约15英里，所以人们从远处就可以很清楚、很完整地看见它。据说这匹白马是埃塞尔雷德和阿尔弗雷德的士兵们在战胜丹麦人之后刻下的，因为白马是撒克逊人的象征。这样看来，它的历史应该已经超过千年了。

之所以看起来是一匹白马，是因为在雕刻图案的地方已经除掉了覆盖于山壁之上的绿色草皮，使山体下面白色的岩石裸露了出来，否则，我们看到的有可能是一匹绿马。

然而，很多趣题的出题者却并不明白这个道理，因此在出题过程中总是说这是对埃塞尔雷德和阿尔弗雷德的诅咒，这其实很不公平。也正是这个原因，才使我对这一古老的历史问题刨根问底，如今总算是真相大白。

不过今天我的目的并不是这个，而是因为在这匹白马被彻底发现之后，州长半开玩笑地对我说："劳埃德，这应该是个不错的题材。"

我也是这么想的。作为一个趣题研究者，如果我不能把这样的好材料转化成一道趣题岂不是浪费机会吗？所以，我很快就付诸实践，用一把剪刀和一张纸做出了马的形状，并把它命名为"小马谜题"。

尽管我很容易就原来的轮廓和部分形状进行改动从而形成了一个趣题，但是从内心来说，我还是最喜欢它原来的样子，所以现在把它的原样奉献给读者。但是，你能根据原图，通过改变小马身体的这几部分，使一幅图里有两只小马吗？

The Pony Puzzle

070 弄巧成拙的土地交换问题

别以为数学只是在书本中才会用到，其实它的力量无处不在。有两个农夫，他们不知道1英亩土地与43560平方英尺土地是相同的。现在他们正扬扬得意，因为他们刚刚与专科学校毕业的、农夫赛克斯的儿子谈妥一件事：用自己的南瓜田换取赛克斯家的南瓜田。如图中所示，他们的南瓜田平面图画在木板房门的右边，赛克斯家的画在左边。他们得意，是因为他们认为赛克斯上当了，因为他们原来的那块地明显要比赛克斯的地小一些，这是因为他们的地所用围栏的横杆要比赛克斯家的少一些。

仔细看图我们就可以发现，他们的地，宽的一边用了140根横杆，长的一边用了150根，总共是580根横杆；而赛克斯的地，长和宽各围着190根和110根横杆，整个围栏共用了600根横杆。这样看起来，他们的地似乎真的要小一些。但是他们并不知道，赛克斯的儿子已经掌握了足够的几何知识，他知道长方形的形状越接近于正方形，则它的面积与周长之比就越大。所以，按照这个原理，实际上赛克斯的地相对来说要小些。但是两个农夫并不懂，把吃亏当作占便宜。看看，这就是知识的力量。

现在再假定，在这两块地上，每英亩都能长出840个南瓜。那么，你能不能计算出这两个自作聪明的农夫每英亩土地上会损失多少个南瓜？

071 剪五角星问题

贝蒂·罗斯一剪刀就能剪个五角星的本领相信大家都有所了解，在此我不想多说。我想说的是，其实在贝蒂·罗斯这个绝活尚未披露时，我就与他有些渊源，因为我就出生在费城，而且出生时恰巧就是贝蒂·罗斯的邻居。我从来没想到我隔壁的小屋里会有这样一位睿智伟大的人，而贝蒂·罗斯也就是在这间小屋里给华盛顿和罗伯特·莫里斯（译者注：Robert Morris，1734—1806年，美国政治家和金融家。他在1775—1778年代表宾夕法尼亚州出席大陆会议，并在《独立宣言》上签字）讲解如何设计代表自由的五角星的。

没错，这个题就是关于五角星的。那么你知道如何把一个长方形一剪刀剪成一个五角星吗？

072 姜饼问题

人们经常把姜饼做成各种奇怪的形状，而且一般都要把大姜饼分成多个正方形小块出售，每块1分钱，这样收钱的时候更简单明了一些。

下图中就有一块大姜饼，但是它已经被老板娘分成了许多小块。老板娘指着大姜饼对孩子们说："如果你们能把这块姜饼切成两块，然后拼出一个8×8的正方形，我就把这块姜饼都送给你们，但是你们只能沿着线切割。如果你们违反了规矩，那我是不会把姜饼送给你们的。"

孩子们很聪明，他们最终赢得了整个姜饼。你知道他们是怎么切割的吗？

073 拼圆形问题

图中有很多碎片，艾姆贝里教授发现利用这些碎片竟然可以拼凑成一个圆形。当然了，想要拼好这个圆形也是很不容易的。你可以做到吗？

074 正方形旗子问题

　　如图所示，这道题目要求你将图中的三角形旗子分割成四部分，然后将它们拼成一个正方形。那么，快动手做吧。

075 分割棋盘

　　小木匠想要将图中这个棋盘分成形状和大小完全相等的四块，而且要确保每一块上面都有一个数字。你能帮帮他吗?

076 白菜地划分问题

如图所示，这块地里种了16棵白菜。现在要求你把这块地分割成六个正方形，而且要使最大的一个正方形地里的白菜数目尽量多。

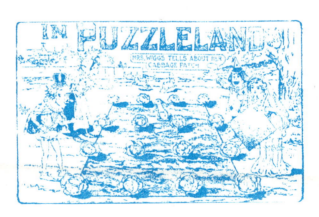

077 拼正方形问题之四

你能把图中风车形状的几何图形拼成一个正方形吗？

078 零料利用问题

　　"基督教圣公会"执事怀特夫人从小店里买了一块亚麻油毡，和善的店家又另外送给她一小块三角形零料。怀特夫人不想浪费这块零料，于是她打算重新裁剪亚麻油毡和零料，以便能做成一块更大的正方形油毡。通过她老伴的帮助，夫人把图中的正方形剪成了三块，把三角形剪成了两块，这样就可以重新缝制成一个正方形了。这件事教给你的可不是一般学校里能学到的几何知识，你掌握了吗？

079 拼图趣题

请重新拼接图中的大象，使它变成奔跑的样子。

080 边角料问题

图中有四块边角料，请把它们各自剪裁成三片，然后用这些碎块拼接成一个正方形。

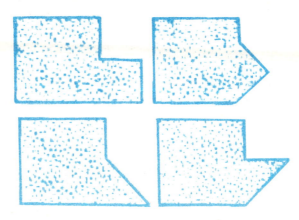

081 菱形变十字架

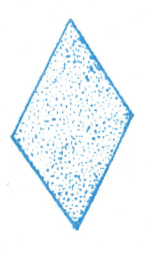

把图中的菱形分割成最少的块数，然后拼成一个十字架，你能做到吗？

082 找名字

趣题王国的孩子们用组成他们名字的字母做了一个长方形的卡片，卡片上有很多小格子，每个格子里面都有一个字母。他们把卡片拿给老师，并对老师说可以从任何地方任何方向开始沿着方格一个接一个地找，竖的、横的和斜的，都可以，如从N竖着开始，你可以找到NANCY，最后看看老师能找到多少个名字。如果老师把所有的名字都找出来了，那么她就知道趣题王国里有多少孩子在上学了。

083 邮递员的路线问题

邮递员彼得每天的任务就是去街上的63个邮箱里收取信件。他的前任一般都是从邮箱P出发，然后前往每个邮箱，最后返回中间的邮局，但是如图中所示，这条路线需要转19次弯。彼得很聪明，他找到了一条更为便捷的路线，可以不用像他的前任那样转那么多次弯。

那么你知道彼得的新路线吗？

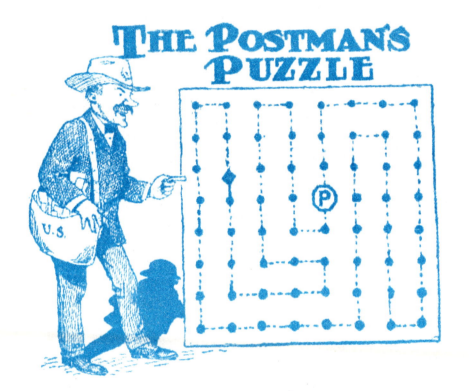

084 伦敦塔问题

宫廷传令官汤米·里德尔斯给国王帕兹尔佩特讲了两道趣题，都是关于著名的伦敦塔的问题。

第一道趣题，如图所示，塔平面图上的大写英文字母A、B、C、D、E分别代表五名看守人。每天太阳下山之后，枪声会响起，这就意味着看守人A马上得从出口A处走出去，B马上跑到出口B处，C要到出口C处，D要到出口D处，而E则从他目前所处的小间跑到F小间。题目的要求是找出五名看守者的行进路线，但是，这些路线绝对不准相交。也就是说，图中任何一小间都只能有一条路线穿过，而每个看守从一小间到另一小间的时候都必须经过图上所示的门。这道题目有点似曾相识吧。汤米说，如果你能充分理解题意，你会发现这道趣题其实不难。

第二道趣题，还是在伦敦塔，不过这道题好像比上面的更好解答。每天午夜，伦敦塔的看守人要进入门上标有W记号的房间，然后，从这间房开始去查夜。在巡逻中，他必须穿过64个房间的每一间，最后到达黑色房间。这个黑色房间有一些古老的传说，传说中国王爱德华四世的几位年轻王子就是在这间"黑屋"中被谋害的。这是题外话了，言归正传，经过长期反复的实践，看守人发现了一条很简便的路线，任何一个房间都不必经过两次，而且拐弯次数达到最少。趣题爱好者们，你们能找出这条路线吗？

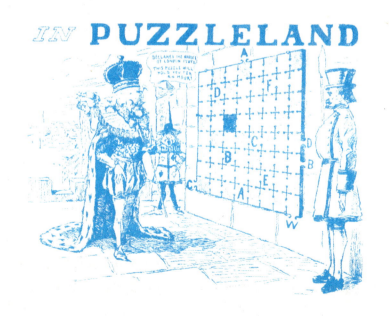

085 蛇的问题

如图所示，老师把玩具蛇锯成了10节，并摆好了顺序，那么你能通过改变10节的位置，最后让蛇嘴咬住自己的尾巴吗？

086 用最少的步数互换黑白子

在开始讲解趣题之前，我想先说一点题外话：欧洲十分流行的一种好玩的智力游戏——单人跳棋游戏的由来。它的发明者是一位英国海员，他曾在兰德尔船长的手下工作并引以为豪，后来，他在斯塔滕岛的"海员避风港"生活了40年，也因此发明了这个游戏。而且他能以很快的速度用小刀削出棋盘和棋子，卖给来访者，这也算是他的一招绝活吧。他经常以此赚一点外快，他笑称这是他的"烟钱"。后来，这个游戏传到了伦敦，被重新命名为"英国的十六子棋"，风行一时，不过遗憾的是这个游戏始终没有在大洋彼岸被重视。

现在我们来说这个游戏的规则。它要求你用最少的步数将黑子和白子所占的位置互换过来。在互换的过程中，一个棋子可以从一个方格走到相邻的空格，也可以跳过一个相邻的棋子（不管是白是黑）而到达下一个空格。但是棋子只能沿着格子的排列方向走（如同国际象棋中的车），不许像西洋跳棋那样走向对顶的格子。

　　据一位见过海员的人说，这位海员对他的这项专长很满意，高兴之时他还会告诉购买者一种以最少的步数完成游戏的走法。然而，如果现在对这种走法进行检验，你会发现这并不是步数最少的走法。也许是他的走法错了，也许是这种技巧已经失传，总之，我们现在发现了比他的走法还要简单的方法，你知道是怎样的走法吗？

如何将一个月牙形转换成希腊十字架形

希腊十字架相信大家不陌生，不过想要将月牙形变成十字架形就不太容易了。你知道要怎么操作吗？当然，一定要用最简单的方式哦。

古罗马的铁十字勋章

几何图案的拼接问题好像总是离不开十字架，不过现在我们先来看看图中的武士、历史学家泰特斯·利维乌斯的无臂雕像。他是铁十字勋章的创始人，而且关于他还有一个很特别的传说。

据说有一天，罗马帝国的开国大帝恺撒·奥古斯都驾战车出巡，在路上他遇到了主人公独臂老武士泰特斯·利维乌斯，这位昔日受人敬仰的英雄此时正在向路人乞讨。恺撒很不解，停下来问他为什么不去要求十字勋章的荣誉？为什么不去申请荣誉军人抚恤金？这都是他应得的。泰特斯·利维乌斯答道："伟大的恺撒啊!我只是一名武士,也许已经被人遗忘了吧。"恺撒听罢,便将自己胸前的勋章拿了下来,挂在泰特斯·利维乌斯的身上。"还好你只失去了一只手臂,如果你失去双臂的话,我会再颁发给你一枚新的勋章。"谁知泰特斯·利维乌斯听后,毫不犹豫就拔出了他的剑把另一条手臂也斩断了!听到这里可能细心的读者都会觉得很荒唐,既然他是一个独臂英雄,那么他用哪一只手去拿剑砍掉他的"另一条手臂"呢?我们暂且不去理会这个逻辑问题,我们是趣题爱好者,所以只对他胸前佩戴的圣·安德鲁斯十字勋章感兴趣。问题是这样的:如何把这枚十字勋章分割成最少的块数,然后拼成一个正方形?

第一部分　几何图形转换、拓扑奇趣

⓿❽❾ 国际象棋棋盘问题

这是一个关于法国国王和棋盘的历史故事。有一位法国国王,在和一位公爵下象棋的时候,眼看就不敌公爵要被将死了,情急之下,他把棋盘砸向了公爵的脑袋。后人经常把这个故事解释为国王用谋略赢了比赛,国际象棋中因此也有了"王翼弃兵"的说法。

我的问题却是关于棋盘的，大家可以思考一下这道题目：

"如图中所示，棋盘已经被摔成了8块，那么，要怎样把图中8块摔坏的棋盘残片拼成一块8×8的棋盘呢？"其实这道题目并不难，我只是想要通过这道题给大家介绍一种有效解决问题的办法。

 **头像拼接图问题**

这是一幅由25个头像拼成的图案。其实这些头像最初是被分成两组的，而且这两组头像都分别能拼接成一个正方形。到了1671年，这两组头像被拼接在一起形成了这个5×5的正方形图案。作为一个数学趣题爱好者，我们都要学会反向思考，这道题目也是一样。那么，你知道如何把这块拼接图还原成两个正方形拼接图吗？应该怎么分这些头像呢？

可能你已经想到了毕达哥拉斯的切割原理，但是需要注意的是，这道题目和单纯的切割图形不同，因为在这道题目中包含的是25个头像，而我们做题的规则似乎不可以破坏头像，因此只能沿线切割，所以这就增加了思考的难度。但我相信大家是可以做到的。而且一旦掌握了这个规律，你就能很容易地算出每个正方形包含了多少个头像。

091　杰克与肥皂箱

　　"小丑杰克"的话题一直为人津津乐道。如图中所示，杰克要用剪刀将盒子剪开，然后再用剪开的纸片拼凑成一个正方形。不过这个盒子的外部形状并没有规则，是一个剪掉了两个角的矩形，也就是说它是一个不规则的六边形，这为这道趣题增加了难度。如果现在要求你把盒子剪成两部分，用这两部分拼凑成一个正方形，你能做到吗？

092 舰队问题

如图中所示，10艘战舰排成两行向前推进。中途舰队遇到了4艘敌军军舰，所以现在需要立即调整位置进行防御，而调整的目标就是使舰队在每个方向都有4艘战舰。为了增加一点难度，现在只允许调整其中4艘军舰的位置来实现这一目的，你知道要怎样进行调整吗？

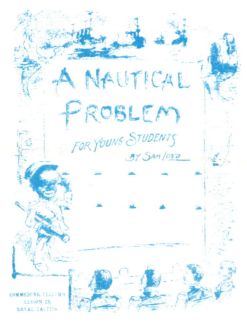

093 戴德伍德速递公司

一位年轻姑娘委托戴德伍德速递公司把两个箱子送到西部的一个矿区小镇给她的矿工朋友。之后在速递员和这位姑娘的矿工朋友之间发生了一场有趣的争论，也由此产生了一道趣题。

速递员要按照公司规矩，以每立方英尺5美元的价格收费，这在货单上也有说明，而这位矿工朋友却不同意，因为根据矿业的规矩应该是按每英尺5美元收费。而且他说，他不认为速递公司有权利干涉一个年轻姑娘的箱子的"容积"！

这位速递员很无奈，被迫接受了他们的收费方法，以每英尺5美元的价格收费。接着他量了箱子的长度。这两个箱子都是正方体，其中一个的边长正好是另一个的 $\frac{1}{2}$。这道题的奇妙之处在于：当速递员测量完两个箱子的总长度后，经过计算，他发现用这两种计费方式得出的结果差别不到 $\frac{1}{100000}$。

这个问题表面上看起来很简单，但实际上，它足够让数学家们苦恼一阵子。读者朋友们，你们知道两个箱子的尺寸各是多少吗?这样的两个箱子又能装多少货物呢?

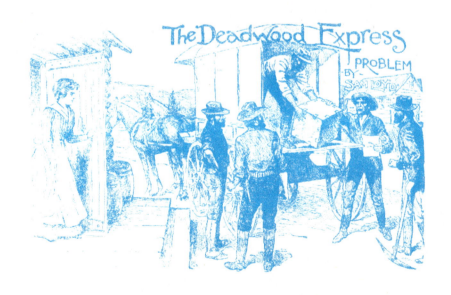

094 收割者的问题

实践出真知，并不是只有学过数学的人才能解决数学问题，有些技师与普通工人虽然对数学一窍不通，但他们却能凭借实际工作中的经验解决一些相当困难的问题。下面我们来看看这两位处理问题的方法。

得克萨斯州有一位农场主，他有很多土地，以至于他自己完全不能兼顾，于是他打算将一块土地的 $\frac{1}{2}$ 出租给一位邻居农夫耕种。这块土地共有2000码长、1000码宽，但是因为中间有一部分不适合耕种，所以他决定以这块不适合耕种的土地为中心，在周边画出一条带状土地租给邻居，而且这条带状土地的面积正好是这块土地总面积的 $\frac{1}{2}$。

农夫很聪明，他并没有将土地从中间对半分开，而是选择上面的方式来解决问题。不过我认为我们的趣题爱好者也一样聪明，那么你能得出这块带状土地的宽度吗？这里面包含了一条能适用于一切矩形土地的简单规则。

The Reaper's Problem
BY SAM LOYD.

095 波斯地毯

如图所示，两个人拿着一块波斯地毯，请问读者朋友们，如何将这块地毯分成形状大小相同的两块？要求不能破坏地毯上的每一小块图案。

096 所罗门王的印记之谜

图中所示为所罗门王的印记，国王想知道这个印记包含了多少个正三角形，大家能帮忙数出来吗？

第一部分 几何图形转换、拓扑奇趣

097 日本艺人切西瓜

如图中所示，这个日本艺人挥着大刀把西瓜切成了不规则的八块，读者朋友们，你们有信心将图中这八个不规则的图案重新拼成一个圆形吗？

098 分割正方形问题

仔细看图，然后回答下面两个问题：

(1) 如何用最简单的方法把一个大正方形分割成六个大小相等的小正方形？

(2) 继续看下面的图，你能找出总统乔治·华盛顿的头像在哪里吗？

修羊圈问题

　　还是波比小姐的羊圈问题。她的爱慕者赠给她两只毛质上等的小羊羔，波比小姐很喜爱它们，于是为它们修建了一个由四根栏杆围成的羊圈。后来波比小姐又得到了一只小羊羔，现在她必须重新修建三个大小相等的羊圈，要求只能用八根栏杆，而且其中四根栏杆的长度要是另外四根栏杆长度的2倍。

　　波比小姐实在不擅长这类问题，你能告诉她应该如何修建新的羊圈吗?

 将军的问题

　　瑞士海军上将托米喜欢聪明美丽的公主，于是为了让公主高兴，他邀请了全国所有的聪明人来帮公主解答下面的难题。

　　(1) 如何才能用最简单的步骤将瑞士国旗剪开，然后拼成一个正方形? 大多数人给出的答案是需要剪12次或者更多，但是实际上，还存在更简单的办

法，你能想出来吗？不可否认的是，这道题目对智力和想象力的要求很高，如果你能找到这个方法，那你一定是个聪明过人的家伙。

（2）海军上将给出的最后一道题目和棋盘有关，但是不要担心，解答这道题目并不要求你必须会下棋，它只是单纯的分割问题。要求是这样的：将棋盘切开若干块，其中不能有任何两块相同，而且其中最小的一块应该只有1个方格，而最大的一块应该有8个或者12个方格。那么，在这样的条件下，你最多能把棋盘分成几块？

 四棵橡树之争

"四橡树镇"这个名字颇有意思，它来自一位早期开拓者的故事。这位开拓者是一个富翁，他有一大块土地，在弥留之际，他将这块土地留给了他的四个儿子，但是规定他们必须"按照四棵老橡树的位置把这块土地分成相同的部分，因为这四棵老橡树一直以来都是作为分割土地的标志的"。

但是儿子们无法从这四棵橡树中找到分割土地的线索，也就一直无法和睦地分配这块土地，他们为此打了一场长久的官司，而且在官司中花去了父亲留给他们的全部遗产。从此这个小镇就以这场著名的“四棵橡树之争”而闻名开来。

听到这个故事以后，我的直觉告诉我这完全是一道好趣题的材料，而且现在，我已经把它付诸实践了。题目是这样的：

如图中所示，一块正方形的土地上有四棵老橡树，四棵橡树之间的距离相等，它们从地的中心到土地其中的一边排成一排。

正如那位开拓者所言，这块地产留给四个儿子，要求他们把它分成四块，每一块地的形状和大小都要完全相同，并且每一块地上都必须有一棵橡树。你能按要求分割开这块土地吗?

其实这道趣题是一时兴起所编，并非精心构思之作，所以也不是很难。但是即使这样，我想也不是每个人都能找到最佳答案的。

 "普利穆索尔标记"问题

　　这道题目灵感来自于著名的"普利穆索尔标记"。

　　故事是这样的，普利穆索尔曾在一次议会演说中分析到，每年有500多名海员拒绝跟随破船出海而被抓捕，原因除了因为船破容易出事故之外，还有就是其中有1000艘船总是因为超载而沉入海底。由此他提出使用"普利穆索尔标记"，这样可以有效防止船只超载问题。

　　"普利穆索尔标记"由两个圆圈组成，这个标记代表着船的最深吃水线，如果这个记号沉入水中，说明这艘船严重超载，它将被处以高额罚款。为了让英国所有的船只都标注上这个标记，他游说了英国政府15年之久。而普利穆索尔也因为他的这一关爱船员的举动被视为全世界的"海员之友"。

　　我们这道题的问题就是要画这个标记，请问，怎样用最短的线条一笔画出这个图形？

103　正方形与希腊十字架问题

　　关于希腊十字架趣题大家都已经很熟悉了，因为前面做过了很多把十字架转换成正方形的问题，但这道题目正好相反，它要求把一个正方形转换成十字架。

那么现在就动手吧，你能把正方形剪裁成四部分，然后将它们拼成一个十字架吗?

第二部分

代数、比例、概率

 跷跷板趣题

如图所示，跷跷板的一端坐了许多小男孩，那么跷跷板另一端需要坐多少个小女孩才能保持平衡？

想要完成这道题目需要用到一个基本的代数原理：等式的两边同时加上或者减去同一个数字，等式依然成立。

比如说，跷跷板左边有5个男孩和3个女孩，右边有3个男孩和6个女孩。如果我们将两端各自减去3个男孩和3个女孩，左边便只剩下2个男孩，而右边还有3个女孩。这个时候，我们发现跷跷板依然是平衡的，也就是说，2个小男孩的重量正好等于3个小女孩的重量。

那么，如果现在跷跷板的一边坐着8个小男孩，另一边要坐多少个小女孩跷跷板才能保持平衡？

 赛马场趣题

想知道赛马场的赞助商们对于马场上的赔率有多么清楚吗？那么大家不妨来试着回答下面这个问题：

如果对赛马"苹果派"的赔率是7：3，而对赛马"大黄蜂"的赔率是6：5，那赛马"黄瓜"的赔率是多少？

 除法趣题

有三个笨到有点呆的笨小孩，问他们1、3、6怎么排，才能被7除开？他们都回答不上来。那你能说出答案来吗？

 天平的使用原理

我们知道这样一个数学原理："等式的两边同时加上或者减去相同的数字，等式两边依然成立。"通过这个结论我们还能得出另外一个结论："和相同数字相等的两个数字相等。"从右边的三个图中我们可以看到：1个陀螺和3个立方体的重量相当于12颗玻璃弹子，1个立方体和8颗玻璃弹子的重量相当于1个陀螺

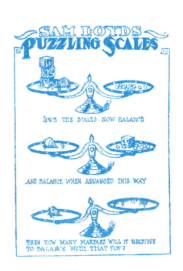

的重量。那么再看第三幅图，如果在天平左边放一个陀螺，右边应该放上多少个玻璃弹子或者立方体，它们的重量能保持天平的平衡呢？

 投票问题

秘书向主席报告说："先生，最初统计结果显示投提议赞成票的人比投反对票的人多出了1/3，但是，因为椅子数目不够，所以11个投赞成票的被误计为投反对票，因此修正后的结果是，由于1票之差，提议最终被否决。"

那么，请问读者，你能算出来一共有多少人参加了投票吗？

 圣帕特里克游行方阵问题

在圣帕特里克大游行中曾经发生了一件有趣又奇怪的事情。总典礼官像往常一样贴出了布告："爱尔兰仪仗队的队员们，如果上午下雨，游行就改在下午进行；如果下午下雨，游行就在上午进行。"典礼官的这一说法让人们产生了错觉，人们觉得在圣帕特里克日那天一定会下雨。

跛脚凯西向人们吹嘘说他从孩子时候起就开始参加圣帕特里克大游行，到现在他已经游行过1/4个世纪了。人们对他的说法当然是褒贬不一，不过我们现在不谈这个，因为年迈的凯西最终因肺炎而去世了。于是，在三月十七日那天游行时，小伙子们突然发现方阵最后一排缺了一个人。这问题很严重，因为按照传统习俗，方阵如果缺了一个人，那么这个方阵就不是游行方阵了，而是变成了一个送葬队伍，这真是令人恐慌不安。所以小伙子们不得不想办法补上这个空缺。

本来，按照习俗，小伙子们是十人排成一排，但这样的话，最后一排就只剩下了9个人，空缺的是跛脚凯西原来所站的位置。在这样走了一两个街区后，观众们开始大声询问跛脚凯西的情况，他们的叫喊声几乎淹没了爱尔兰管乐队的音乐，游行变得杂乱不堪。所以他们只好改成每排9个人——他们不能改为每排11个人，这个数目是不合适的。

可是，即便每排9个人，凯西的位置还是空了出来，最后一排只剩下8个人。人们只好又停下来。

为了改变这种情况，小伙子们又尝试了每排站8个人、7个人、5个人、4个人、3个人，直到最后每排只站2个人了，最后一排仍然有空缺。这时候，人们开始议论纷纷，说那个位置是凯西的，别人无法代替。这么说虽然有点迷信，可是人们无法解释为什么每一次开始变换队列的时候，都有人能听见凯西一瘸一拐的脚步声。于是，小伙子们坚信凯西的灵魂依然存在，他在参加游行，所以没有人敢去补这个空缺了。

不过总典礼官却不这么想，他是个非常机敏的人，他命令大家变成一队，即每排只站一个人，这样，哪怕是凯西的灵魂在参与游行，他也只能排在队伍的最后向他的保护神致敬了。只是我们难以想象，这样的话这个队伍该有多长！

谜题说完了，现在我们需要动一下脑子：如果游行的人数不超过7000人，那么一共有多少人参加了那次游行？

007 洗衣问题

洗衣店的老板遇到了个难题。查理和弗雷迪拿了共计30件的硬领和袖套到他的洗衣店去清洗，其中弗雷迪的袖套是袖套总数的1/2，硬领是硬领总数的1/3，清洗这些衣物共计花费是27美分。而且现在洗4个袖套的价格与5个硬领的价格是相同的。那么，你能不能帮洗衣店的老板算一算查理该付给他多少钱？

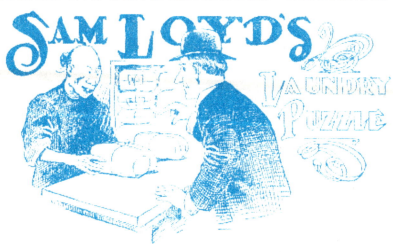

格兰特将军的"小屠夫"

近日在一次拍卖会上看到有人高价拍下了一幅格兰特将军的亲笔签名，为此我感到很自豪，并不是因为我和格兰特将军有什么亲密关系，而是因为我手上也有一幅格兰特将军的签名，而且我一直相信这是格兰特将军的绝笔。

说到格兰特将军，我不得不说他的数学天赋，我一直对格兰特的数学天赋钦佩不已。在我活着的有限的这些年里，我不停地和各种人打交道，我发现很多人脑子里压根就没有数学这根筋，他们从来就学不好数学，遇到数字的时候不是靠蒙就是靠猜，有的甚至在不得不找开1元钱的时候都不知道该找多少。但是这些年的生活经验却告诉我，成功人士几乎无一例外都有个天生的算算术的好头脑。

能说明格兰特将军运算天赋的例子不胜枚举，不过我并不用多说，下面这个例子就足以证明他的数字能力。大家都还记得格兰特是如何进入西点军校的吗？西点军校的数学教授安格奈尔曾经夸赞他说："格兰特对数学和马的天赋与生俱来。"

老实说，格兰特不仅对马有天赋，而且确实爱马，他甚至看一眼就能断定马的优劣。之所以先说马，是因为我要讲的故事得从约翰逊·里德骡马市场的艾克·里德和我所说的一件小事谈起。正是艾克·里德从账本里给了我格兰特将军的签名，否则大家现在就看不到它了。在格兰特将军最后一届总统任期内的一天下午，他驾车出去，回来之后半开玩笑半认真地和韦拉德饭店的沙德威克上校说，他的马车竟然在路上被一个屠夫的马车超过了，这真是让人难以置信，他的马可能也觉得不可思议，停在路上不肯前进。所以，他想知道那屠夫是谁，他的那匹马能不能出让？

上校很快就找到了那匹马的主人，并且将马买了下来。马主人是一位很老实的德国人，不过他并不知道买马的是美国总统，否则他可能会要上双倍的价钱才愿意把马卖掉。

马是格兰特将军最爱的那种，浅色的皮毛很让人喜欢。因为是从屠夫那里

买来的马，所以格兰特将军给马取名为"小屠夫"。

几年之后，格兰特家族的财力受到华尔街金融危机的严重影响，"小屠夫"和它的伙伴不得不被送进了约翰逊·里德骡马市场的拍卖行，这两匹马一共卖了493.68美元。里德先生遗憾地和格兰特将军说，如果格兰特将军允许他说出马的主人是谁的话，这两匹马一定可以卖上多一倍的价格，但是格兰特将军却没有允许他这样做。不过，也许我们可以从下面的对话中算出每匹马的价格。

里德对格兰特将军说："你在'小屠夫'身上赚了12%，虽然在另外一匹马上亏了10%，但是算起来你还是赚了2%。""既然你这么想，那别人可能也是这么想的。"格兰特说。不过从他得意的笑容中可以看出，他一定赚了不止这些。现在，趣题爱好者们，如果按这个说法，格兰特将军在一匹马上亏了10%而在另一匹马上赚了12%，加起来总共赚了2%的话，你们能告诉我每一匹马的价格分别是多少吗？

THE STORY OF "BUTCHER BOY"
BY SAM LOYD.

聪明的报童

一位女士在花店买了一束花，价值34美分。这时候问题出现了，这位女士只有一张1美元、一张3美分和一张2美分的钞票，而店主也只有一枚50美分和一枚25美分的硬币，这样是没办法给这位女士找零的。正在左右为难之际，花店里进来一个报童，他只有两张10美分、一张5美分、一张2美分和一张1美分的钞票，但是这个报童却聪明地解决了女士和店主的难题，使三个人都拿到了应得的钱。

你是聪明的小报童吗？你知道怎么解决这个问题吗？

一条大鱼

这里有一条大鱼，鱼头长9英尺，鱼身的长度是鱼头和鱼尾的长度之和，而鱼尾的长度等于鱼头加上1/2个鱼身的长度。你知道这是一条多长的大鱼吗？

第二部分 代数、比例、概率

011 赌马问题

吉姆和杰克身上带着数额相同的钱去赌马，他们决定在赛马中采用"罗斯林勋爵赌博法"来下注，即把赌注押在最劣的马身上，根据赌博公司开出的赔率，押下的赌金等于这匹马对1美元的赔率。

吉姆把赌注押在了叫柯西努尔的劣马身上，赌它能赢得第一。杰克则认为它最多可以得第二，所以他们根据不同的赔率押下了不同的赌注，他们俩的两笔赌注加起来用去了他们所带赌金之和的$\frac{1}{2}$。但是，他们竟然都赢了，而且赢了钱后，吉姆身上的钱是杰克的2倍了。

如果这个趣题的前提是他们必须以整数美元作为投注，那么你知道吉姆和杰克各自赢了多少钱吗？

被抹去的数字之一

如下图所示，在一块岩石上记有一个算式，但是其中一些数字已经看不清楚了，你能根据岩石上剩下的数字猜出看不清楚的数字都是什么吗？

```
··9) 6·8··· (·5·
    ···2
    ─────
     ·9··

    ··4·
    ─────
     ··4·
     ····
```

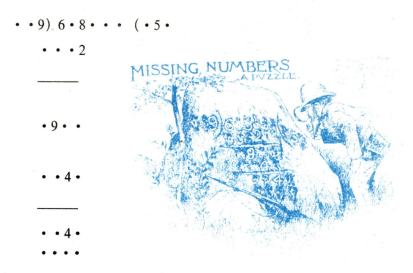

 数硬币问题

居住在密尔沃基的荷兰人克劳斯和他的哥哥卡尔以及辛德里克3个人在一起玩了两天扑克牌。牌局结束的时候，通过清点，他们发现克劳斯赢了8分钱，卡尔赢了22分钱。在图上我们可以看到，现在他们每人手里有2枚硬币，3人共有6枚硬币，共价值3美元。

现在，问题来了，如果在牌局结束和开始时钱的数目不变 （不包括啤酒等消费品），那么你们知道另外一个人在游戏结束时还有多少钱吗？

014 荷兰夫妇问题

时至今日，荷兰人还保持着一些传统风俗，如在买卖交换牛羊、家禽等农产品时习惯于使用一些不常见的度量单位。买卖鸡蛋时以"打"为单位，其他一些物品有用蒲式耳的，也有用陪克和一些小单位的，如果你去买糖，摊主会问你需要多少磅。

由此产生了一道非常有趣的题目，距今已百年之久。

有3个荷兰朋友带着他们各自新婚的夫人来看我，我这三个朋友的名字分别名叫亨德里克、克拉斯和克勒里斯，而夫人们的名字则是格特玲、卡特伦和安娜，但是糟糕的是，我忘了谁是谁的夫人。于是他们告诉我一些线索让我猜。他们说，他们曾经一起去市场买过小猪，他们所买的小猪的数量和每头小猪的单价（单位：先令）是一样的。需要注意的是，亨德里克比卡特伦多买了23头，克拉斯比格特玲多买了11头，另外，每个男人都比他们各自的夫人多花了3几尼（译注：旧时英国金币，合21先令）。听了他们说的话我感觉很迷糊，我能从上面这些描述中就判断出谁是谁的夫人吗？大家能帮助我吗？

（注：1几尼=1.05英镑=21先令　3几尼=63先令）

015 被抹去的数字之二

我一直不理解为什么中国人对数字运算的能力一直那么强，甚至有些人的心算本领也很高超。他们总是掌握着一些别人甚至连他们自己都难以解释的规则和技巧，这些规则和技巧帮助他们在做运算时所向披靡。一位中国学者就曾给我演示过一次加法运算：他将0、1、2、3、4、5、6、7、8、9这10个数字随意乱搭，排列成两行相加，得出结果之后再把算式和结果中的一个数字抹去。结果，他看了一眼剩下的数字马上就说出了我抹去的那个结果中的数字，让人觉得这道题目看起来好像

一点都不难，还很有意思。读者朋友们，你们可以根据图上写出的结果恢复被我抹去的数字吗？

016 历史书问题

历史和数学一直都被视为教育界和人们日常生活中最重要的两门学科。我小时候就曾得到过9本《休姆英格兰历史》书，为了督促我认真读这些书，人们会奖励我一些小礼物，如玩具炮、小马等。我很开心，不但认真读了这些书，发现用这些长篇巨著的序号可以创造出一些趣题。利用图上所示的摆放方式，把第6、7、

2、9本书放在书架第二层，第1、3、4、5、8本书放在第一层，这样上下两层序号组成的数字经过约分之后刚好是1/2。按照同样的方式，每次都使用所有9本书，通过更改序号的位置，组成上下两个不同的数字，还可以得到1/3、1/4、1/5、1/6、1/7、1/8、1/9这些分数。这是不是很有趣？你能摆放出来吗？

017 酒瓶问题

接下来要讲的这道小趣题将要告诉我们一个道理：我们无论做什么工作都需要具备优良的基础数学运算能力，哪怕只是关于除法和减法的小问题。

一天，一位老先生发现小偷光顾了自己的酒窖，酒窖里少了两打（每打为12瓶）香槟。我想说，如果盗贼的减法和除法运算能力够好的话，他们完全可以享受到这些香槟酒，可惜，小偷们显然不精于此道。

被盗的两打酒里有一打是每瓶1夸脱的香槟，另外一打是每瓶1品脱的香槟。但是，小偷们发现这两打酒太沉了，抬着很吃力，所以为了减轻重量，他们决定把两种香槟各喝掉5瓶。不过，他们并没有把空酒瓶扔掉，为了不让人发觉任何作案痕迹，也为了便于计算这些酒的价值，他们把空酒瓶也带上了。没想到回去后，他们遇到了难题，因为这些"单纯"的小偷们不知道如何平分这些赃物：7个1品脱的满瓶、5个1品脱的空瓶、7个1夸脱的满瓶、5个1夸脱的空瓶。可是为了公平起见，他们又必须平分这些酒和空酒瓶。

其实，如果这些盗贼有些常识的话，他们本可以不打开酒瓶分香槟酒的。可是很显然，他们没有我们想象的那么聪明，他们不但没有安静地思考，反而大吵大闹起来，场面十分混乱，还因此引来了几个警察。结果令人大跌眼镜，警察们喝光了小偷们费尽力气偷来的酒，小偷们依然受到了惩罚。所以我想这些小偷一定很遗憾，如果他们懂一些数学计算该有多好。

第二部分　代数、比例、概率

读者朋友们，你们千万不要问我剩下的空瓶如何处理，以及警察们第二天酒

醒之后会是什么反应，我不知道答案，而且这跟我们这道题目没有关系。我想问的是，你能不能算出这帮盗贼有几个人?他们应该怎么平分偷来的香槟和那些空瓶?品脱为容积单位，1品脱约500～600毫升（1夸脱=2品脱）。

 骰子概率问题

根据图示我们来做一道简单的概率问题趣题。图上有6个方格，分别用数字1～6表示。大家可以根据自己的喜好在这6个格里下注，然后掷出3个骰子，如果3个骰子中有1个与你下注格的数字相同，那你不但可以拿回成本，还可以得到1倍的回报。如果有2个与你下注格数字相同，你可以得到2倍回报。例如，你用了1美元押第5格，如果骰子投出的点数有2个是5点的话，那么你就可以拿回1美元的本金和2美元的回报;如果骰子有3个5点，那么你就可以拿回1美元本金和3美元回报。不过，不要高兴得太早，有赢就有输，你能计算出输赢的概率分别是多少吗?

 报童问题

有5个机灵的小报童相约一起卖报，其中有史密斯家的2个孩子和琼斯家的3个孩子。他们5个人各自卖的报纸数量是这样的：汤姆·史密斯卖了报纸总数的1/4另外加1份报纸;比利·琼斯卖的报纸是剩下的1/4再加上1份;勒德·史密斯卖掉的报纸是前2人卖剩下的报纸的1/4再加上1份；查理·琼斯卖掉的报纸是前3人卖剩下报纸的1/4再加上1份。如果只有这4个孩子，那么此时史密斯家的2个孩子已经比琼斯家的2个孩子多卖出了100份报纸。不过，琼斯家最小的孩子小吉米·琼斯把剩下的所有报纸都卖出去了。那么请问，这个时候琼斯家3个孩子卖掉的报纸比史密斯家2个孩子卖的报纸多了多少份？

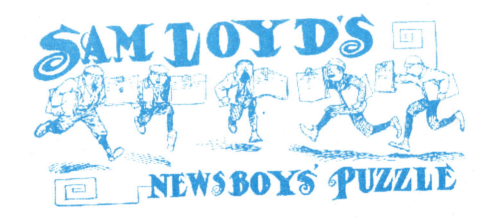

⓿❷⓿ 一分钱

小苏西把31分钱放在柜台上，按照妈妈教给她的对售货员说："给我3把丝线和4把毛线。"但是，这个时候小苏西突然也想像妈妈一样，可以自己做主买东西。于是，小苏西说："噢，阿姨，我现在改了主意，我不要3把丝线和4把毛线了，我要4把丝线和3把毛线。"

但是售货员对小苏西说：

"要是这样的话，小苏西，你的钱不够，你还差1分钱。"

"哦，那就算了，还是照旧吧。"小苏西有些懊恼，拿着妈妈要求买的东西跑出了商店。

现在，小苏西想知道丝线和毛线的价格分别是多少，你能帮帮她吗？

021 趣味数字

这道题看起来非常简单，用4个完全相同的数字排列相加之后，和等于100。你能算出这个数字吗？

022 不能说谎

妈妈很生气地对乔治·华盛顿说："你爸爸很生气，因为他的香烟不见了。他刚才出门回来的时候发现出门前放在桌子上的香烟有1/2都不见了，然后他就去和别人说这件事，说完后发现剩下的香烟中又有1/2不见了。接着他又去富兰克林家借油，可是令他无法忍受的是，回来后他发现剩下的烟又不见了1/2。刚才他来找我抱怨，看样子他似乎怀疑我抽了他的烟。而且就是现在，所有的烟就只剩下一支了，你能不能老实告诉我，那些烟是不是你拿走了？"

但是，儿子的回答让妈妈有些摸不着头脑，他说："妈妈，剩下的一支烟我真的没碰

过。"我们先不说儿子到底有没有拿走那些香烟，你能猜出最开始一共有多少香烟放在桌子上吗？

023 糖果问题

三个小朋友托米、威利和麦吉用20分钱买了20颗糖果。其中奶糖4分钱一颗，口香糖1分钱4颗，巧克力糖1分钱2颗。你能算出20颗糖里有几颗是奶糖、几颗是口香糖、几颗是巧克力糖吗？

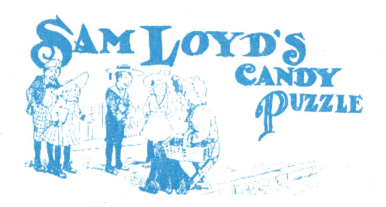

024 白酒代售问题

汉普郡的戒酒镇终于可以卖酒了。镇里指定了一位白酒代理商给予他独家经营白酒一年的权利，不过启动资金是由镇里派发的，年底他也要交给镇里一部分利润。镇里给他的启动资金一共是12美元，另外给了他价值59.5美元的货物。在年末盘点时，代理商发现他已经购买了283.5美元的白酒，所有的白酒在进价的基础上提高10%出售，这一年的总销售额为285.8美元。镇里从这些利润里给代理商总销售额的5%作为工资。代理商和镇委员会对账的情形如下图所示，而且酒瓶上也都标出了零售价。请问，汉普郡从白酒代理销售中获利多少？

025 中国铜钱问题

　　硬币古已有之，中国早在公元前几千年就开始制造流通硬币了，在经济比较繁荣的朝代，人们日常的流通都依靠铸有日期和铸造者姓名的金锭或是币值大小不等的银币进行。不过那时候，由于缺乏基础的货币知识理论而导致的浪费还真是不小。随着时间推移，人们变得"狡猾"起来，铸造的银币越来越薄，薄到2000枚银币叠放在一起还不足8厘米。在这些通用的银币中，有的中间是圆圈，有的中间是方孔或者三角形。现在题目来了，假设11枚中间带有圆圈的银币总价值为15，11枚中间有方孔的银币总价值为16，11枚中间有三角形的银币总价值为17，那么请问，如果我想要买到图中价值为11的小胖狗，需要中间有圆圈、方孔或三角形的银币各多少枚才可以？

026 分栗子问题

　　接下来我们讲三个聪明的采栗子的小女孩儿。之所以说她们聪明，是因为这里其实蕴涵着一道数学趣题，可能一些读者会觉得难以下手，但是这三个女孩儿却没有被难住。她们商量好了一起去采栗子，并说好按年龄大小来分配共同采来的栗子。现在，她们一共采到了770颗栗子，按照她们事先商量好的，要根据她们年龄的大小按照比例进行分配。当玛丽拿了4颗栗子时，尼莉可以拿3颗；而每当玛丽拿到6颗时，苏茜可以拿走7颗。这样的话，她们三个人分别可以拿到770颗栗子中的多少颗？

027 金字塔趣题

在埃及旅游也可能遇到危险，我就曾在爬金字塔的时候有过一次很危险的历程。不过也正是这个经历让我后来构思出了一道简单有趣的题目。

如下图所示，有一头凶猛的狮子就要向我们扑来，导游正腰挎宝剑准备抵挡。如果我们想要活下来，最好爬上最低的一座法老的金字塔。所以我们都想快速跑上塔顶让自己身处安全之处。但是这里就出现问题了，我一次可以爬上5步台阶，我的导游一次能爬上6步台阶，而狮子却一次能爬上7步台阶。如果以这种速度爬金字塔，我们在到达顶点之前是无法保证生命安全的。现在我想问大家的是，你能算出金字塔有多少步台阶吗？虽然下面的台阶在图上都看不到了，但是在上面的提示中我已经给出了足够的数据去估算出金字塔的台阶数目。所以，开动脑筋来解决这个问题吧。

028 白菜地问题

这是一个生活中的小问题，题目很简单，但是很有意思。维格斯太太有一块正方形白菜地，但是今年她的正方形白菜地要比去年大了几圈，因此她今年可以比去年多收获211棵白菜。那么，读者朋友们和蔬菜专家们能不能估算出维格斯太太今年的白菜地横向与纵向各种有多少棵白菜呢？

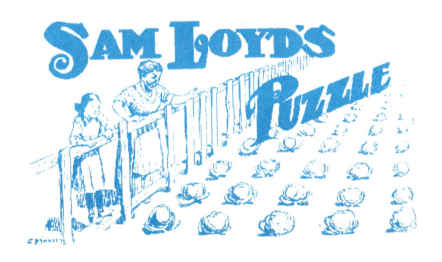

029 马戏团

　　下面是一张内容非常丰富的图片，里面有很多数字和很多动物，这些信息可以让我们通过推理就能说出人和动物的未知数量。所以，如果你的数学够好，你甚至都不需要进去看个究竟或是求助于他人，只需要几个数字而已。

　　小哈利是个精明的小家伙，他从来不花冤枉钱，所以在没有打听清楚这个马戏团的底细之前，他不会轻易掏钱去购买入场券。如图中所示，他正仔细地向看门人询问马戏团里究竟有多少匹马，有多少名骑师，除此之外还有多少其他动物。

　　小哈利这些问题着实让看门人感到难堪，因为外面虽然贴满了琳琅满目的广告，但帐篷里的观众其实为数不多。可是他又不能不回答小哈利的问题，于

是他说他不知道这些问题的精确数字，他只知道马戏团除了马、男女骑师和小丑的100只脚及36个头之外，还有一些来自非洲丛林的动物。这些动物加上前面的100只脚和36个头，总共就有156只脚和56个头了。

不知道小哈利能不能算出这个马戏团里的马和骑师的数目。读者朋友们，你们可以吗？另外，你知道图中左边的笼子里是什么东西如此吸引人们吗？我只能提示大家，这个正在表演的节目可是马戏团最受人们欢迎的节目。如果你仅凭我的提示就能回答上来，说明你对马戏团有一定了解，并且一定对这种动物感兴趣。希望小哈利和大家一样聪明。

030 分牲口

在美国西部有一位大牧场主，他自知年事已高，为了避免他死后财产分配出现问题，他将儿子们召集在一起，并告诉他们希望在自己有生之年尽早把牲口分给他们。

他对大儿子说："约翰，你觉得你能饲养多少头奶牛，你就牵走多少头吧。你的妻子南希也能分到一部分，她可以牵走所剩奶牛的1/9。"接着，他又对二儿子说："萨姆，因为约翰比你多了一个先选择的权利，所以你除了可以拿走同约翰一样多的奶牛外，另外还可多得1头。而你贤惠的妻子萨利，我会把剩下奶牛的1/9给她。"他对第三个儿子说了同上面一样的话，他可以分到的奶牛将比次子多1头，他的妻子将分到剩下奶牛的1/9。其实牧场主和他剩下的儿子都说了几乎一样的话：每人分得的奶牛数比其年龄稍大的兄长的奶牛数多1头，而他们的妻子可分得余下来的奶牛的1/9。"但是，当最小的儿子牵走他应该得到的奶牛之后，奶牛已经没有了，他的妻子无牛可分。这显然不公平，但这时他们的父亲又说道："牧场里还有7匹马，马的价格要比奶牛贵2倍，我希望在你们分完所有的马之后，每个家庭分到的牲口的总价值都相等。"

读者朋友们，现在你们是不是觉得很头疼？如果你们还可以计算的话，那么能说说牧场主共有多少头奶牛吗？他共有几个儿子？

031 马尼拉小生意

菲律宾群岛最重要的特产之一就是麻绳，或称吕宋绳。这些麻绳有很大一部分都被中国的出口商控制着，他们用船把这些麻绳运往世界各地去做交易。不过，也有一些来自日本的商人和小商贩，由于他们做生意有自己独特的方式，因此能在市场中存活下来。但是由于他们做生意没有固定货币种类，也没有固定的价格，所以几乎每一笔买卖都要引发一场争吵。

下图就是这种买卖的方式，很简单。我不懂马尼拉语，所以只能这样叙述：

一个水手走进了一家绳子商店问店主："我想买一些上好的麻绳，你能告诉我哪家店里有这样的绳子吗?"

店主听了很生气，觉得这是种含蓄的侮辱，但他忍住了，向水手说道："我这里的绳子就是最好的绳子，没有别的店比我的更好了。就算是我店里最差劲的绳子也一定比你想要的那种好。"

"那你把你说的这种最好的绳子拿给我看看。如果确实好的话我可能会用，一直到我找到比这种绳子更好的绳子。这绳子你这里卖多少钱？"

"这一捆有100英尺长，如果全要的话，一共7块钱。"

"不行，这太长了，我用不了这么多，而且这也太贵了。就是最好的绳子我也顶多出一块钱，你这个绳子很明显不是最好的。"

"这个就是标准的绳子，"店主回答，并且，为了证明绳子的长度和质量，店主还把完整的封印给他看。"如果你的钱不够，我可以零售给你，你要多长我就卖给你多长，1英尺按2分钱算。"

水手听了很不高兴，"给我来20英尺。"他边说边拿出一枚5元的金币，炫耀地扔在柜台上，显示他并不是买不起，只是真的不需要这么多。

店主听后拿出尺子开始量绳子。为了显示他的大方，他的动作非常夸张，想要说明尺寸足够。但是，水手却细心地注意到，店主用的那把应该是1码长的尺子其实并不够1码，尺子在33英寸的地方被折断了，这样每量一码就短了3英寸。但是水手很聪明，他不动声色，当绳子剪断以后，他指着长的那段说："我觉得这个绳子不错，所以我决定买80英尺这一段了。而且你不必给我送货，我现在就自己搬回去。"然后他就把那枚5元的金币递给店主。可是店主没有足够的零钱找给水手，只得拿到隔壁去兑换了5元金币的零钱，然后找给水手。水手一拿到找零的钱，马上就搬着绳子走了。

如果只是这样的话，店主损失的最多也就是一点绳子，但是问题是，水手的5元金币其实是假的，倘若店主被邻居叫过去要求退换那枚假金币，而那绳子也确实值1英尺2分钱，那么店主的损失就真是不小了。请问你知道店主一共损失了多少钱吗？

（注：1英尺=12英寸，1码=3英尺）

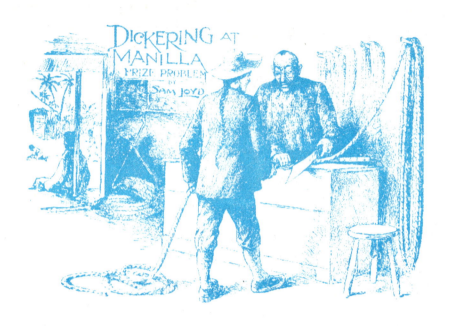

032 鸡蛋的价格

史密斯太太发现有的鸡蛋真的很小，像平时那样的价格很显然是不合理的，所以她很想了解非常小的鸡蛋在食品店里一般卖多少钱。圣布里奇特和史密斯太太讲了她买小鸡蛋的经历，"我买了12美分的鸡蛋，可我发

现这些鸡蛋都太小了，就要求店主多给我添了2只，这样算下来，每打（12只）鸡蛋的单价比原先给的价钱便宜了1美分。"那么，你能算出圣布里奇特用12美分买了多少只鸡蛋吗？虽然这是笔小买卖，但是计算起来真的不太容易，不知道有多少读者能解出这道题目呢？

033 晾衣绳问题

　　哈更太太和奥尼尔太太一起买了一条晾衣绳，长100英尺。回家后她们把绳子分成了两段，由于哈更太太支付了绳子的大部分费用，所以她得到较长的那段绳子。现在知道两根绳子中短点的一段是另外一段绳子的5/7。那么请问，哈更太太和奥尼尔太太分别得到长度多少的绳子？

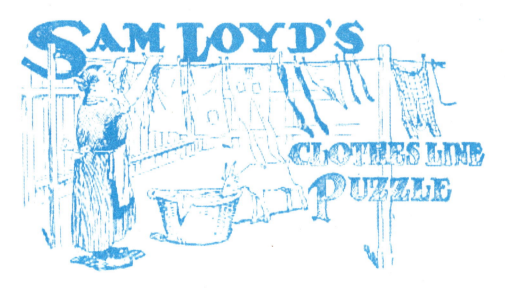

第二部分　代数、比例、概率

034 古怪的遗嘱

　　老船长约翰·史密斯于1803年在格洛斯特去世，生前他立下遗嘱，将他从贩卖奴隶与走私交易中赚来的不义之财留给他的儿女们和他们的家人。这样算

来他一共有九位继承人：他的儿子、儿媳与孩子，女儿、女婿与孩子，前妻所生的儿子、他的老婆和孩子。一共是三家。

老船长在遗嘱中定了个规矩：每个丈夫分得的钱要多于他的妻子，每个妻子分到的钱都要比他们的孩子多。并且，每一对夫妻所得的钱数之差应该等于每个妻子与其孩子分得的钱数之差。这样看来，这里似乎有个等差数列的问题。

我不得不佩服老船长的巧妙心思，他给大家的所有钱全部都是币值1美元的钞票，然后将这些钱装入很多信封里。每个继承人都拿到一个纸口袋，纸口袋里装着一些密封的信封，每只信封里的钱数等于这只纸口袋里的信封数。另外，他还在遗嘱里写着："玛丽与萨拉拿到的钱要和汤姆与比尔拿到的钱相同，而内德、比尔与玛丽所拿到的钱数之和要比汉克多出299美元。琼斯一家的生活比较贫困，因此给他们的钱要比布朗一家多出1/3。"

下面的图例显示以上九位继承人，虽然我们不能看出他们的年龄，当然，这也不是重点，但是我们却可以根据老船长的遗嘱猜出每位继承人的姓氏以及所拿到的钱数。开动脑筋吧，聪明的读者们，相信你们一定可以的！

PUZZLE OF AN ECCENTRIC WILL

比尔　玛丽　汤姆　伊莉莎　汉克　苏珊　内德　萨拉　杰克

035 台球问题

阿法巴姆教授是位台球高手。这天，阿法巴姆教授和朋友布鲁门斯坦一起去打台球，在100分一局的比赛中教授让了朋友20分。过了一会儿，古格里辛姆也加入了比赛，在和布鲁门斯坦100分一局的比赛中，布鲁门斯坦让了古格里辛姆20分。接下来，他们三个人一起打台球，自然，三个人实力有些悬殊，所以阿法巴姆教授必然要让古格里辛姆更多分。

现在我们来把问题简化一下，在100分一局的比赛中，A可以让B 20分，B可以让C 20分，那么，如果是在200分一局的比赛中，A能让C多少分？

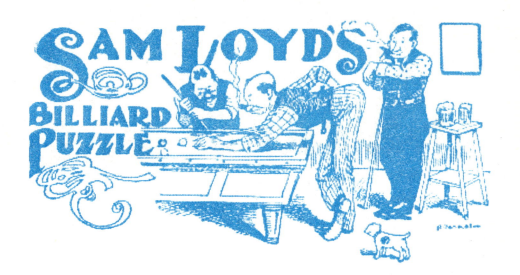

第二部分　代数、比例、概率

036 邮件管理员的问题

村子的邮件管理员经常遇到各种各样奇怪的人和事。他和我们讲了一件趣事：就在几天前，邮局里来了一个女人询问有没有她的信件。

"有我的信吗？"

"请问您的姓名？"

她写下"尊敬的……"

我问她："这是不够的，请问您的姓名是什么？"

"史密斯。"

"请问您结婚了吗？"

"这和你有什么关系？请你把信给我，否则你要给我解释清楚原因。"

接着她又拿出1美元对我说："我想用这1美元买一些邮票，其中要有一些2美分的和10倍数量的1美分邮票，剩下的都换成5美分的。"

按这位女士的说法，你能算出来她能用这1美元买多少张邮票吗？

037 磨坊主的使用费问题

有个地方的磨坊主不收现金，他一般都收取所磨的谷物的1/10作为"使用费"。现在有位顾客在交给磨坊主使用费后，自己还剩下了1蒲式耳（注：1英制蒲式耳合36.3677升），你知道磨坊主一共磨了多少谷物吗？

038 挖沟问题

　　两名工人被一位数学家找去挖一条长100码的沟用来修建车道，这条沟要从数学家的新房子一直延伸到公路。他一共支付给两名工人100美元报酬，至于两人之间怎么分配完全由两名工人自己做主。

　　两名工人的工作情况有些复杂，由于工作时断时续，所以直接按照劳动时间来分钱是不太合理的。而且两人是从两头开始向中间挖的，两头的情况也并不相同。从房子一边开始挖沟的工人倒土需要走的路更长一些，但是需要倒的土却并不多，因此，他认为自己的劳动比较轻松，所以同意1码只拿90美分的报酬，而另外一人需要倒的土稍多一些，比较劳累，所以他的酬劳是1.1美元1码。

　　按照这样的分法，路修好之后他们两人各应得50美元，正好平分了100美元，并且两个人都认为很公平，很开心。但是数学家却不这么认为，因为数学家发现他们的这种分配方法可能会引起纠纷，这里面还有一个很复杂的问题。所以数学家把他们两人叫了回来，告诉他们钱这么分是不对的，并解释说按照他们两人约定的价码，他们根本不可能平分报酬。不过两个工人并不领情，因为他们看不出来这里面有什么问题，所以两人觉得十分不满。

　　请问你能看出来这种分配方法的问题是什么吗？如果两人坚持要得到相同的报酬，他们各自应该干多少工作？

 039 购物问题

这一道趣题让人不得不惊叹女人在购物方面的天赋。周六商场瓷器促销，在促销活动期间，所有商品的价格比原价降低了2美分，于是胡特太太花了1.3美元购买了盘子。星期一促销活动结束，所有物品恢复原价时，她又以原价把盘子都退掉，并换成了杯子和碟子。恢复原价后，一个盘子的价格与一个杯子和一个碟子的总价格相等，这样因为差价她就多换得了16件东西。而且碟子只值3美分，比较便宜，所以胡特太太多换了10个碟子。

那么你是否能算出来，如果是在周六，她能用这些钱买到多少个杯子？

040 算盘趣题

中国人习惯用算盘进行数学运算，而且中国广东商人的精明有目共睹。有名做动物生意的广东小商人买进了一些小狗和几对老鼠，在数量上老鼠的对数正好是小狗数目的1/2，在价格上小狗的进价为2只角子，等于每对老鼠的价格。之后，小商人将它们全部加价10%售出，给自己留下了7只。经过计算，小商人发现他出售部分小动物得到的钱与买进全部动物所花的钱相同。这样看来，不管剩下的7只动物将卖出多少钱，这些钱都是小商人的纯利润。

我想要问朋友们的是，在剩下的7只动物中，小狗和老鼠各有几只?按先前的价格，它们一共值多少钱?

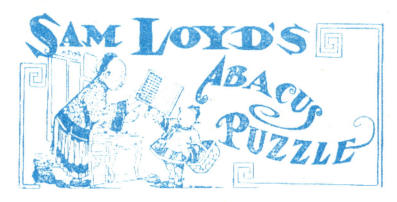

041　哥伦布问题

想要用4、5、6、7、8、9、0七个数字和八个点组成几个数，点可以作为小数点和循环小数的记号使用，使这几个数字的和最接近82。请问，要怎么组合?

042 卖马问题

我不是一个好的马贩子，我曾经做了一笔亏本买卖。那时候我花26美元在得克萨斯州买了一匹野马，饲养一段时间后以60美元的价格卖出。表面上看，这是一笔挺不错的生意，赚了34美元。但是经过核算我发现，我还是赔本了，而且，我赔进去的钱等于野马原价的1/2加上饲养开支的1/4，因此我说我不是个好的马贩子。

你知道我在这笔生意中损失了多少钱吗？

043 配电盘问题

趣题的灵感无处不在，有时候，它甚至会出现在外出旅行的道路上。

有一次旅行时，我遇到了一位电工，他精心自制了一个类似于配电盘的东西，如下图中所示。这个东西上面有数百个接点，不过我并没有将这数百个点都画于图片之上，而是只画出了8×8这一小部分，因为我想64个接点已经足够用了。

这道题目是这样的：每个小方格的边长为1英寸，两个相邻交叉点的距离为3英寸。每当电线改变方向时，必须在小方格的角上绕一圈，这一圈需要2英寸长的电线。要求算出从B点开始，通过所有64个交叉点连接到A点的最佳线路，也就是要求用最短的线通过64个点从B点到达A点。需要注意的是先不能沿着对角线进行连接。

那么，如果B点与最近的交叉点连接需要2英寸的铜线，你能算出来从B点到A点最少需要多长的铜线吗？

第二部分 代数、比例、概率

 鸡蛋问题

杂货店老板对刚来的小工汉斯说："现在你赶快去克鲁格教授家问问，如果一个鸡蛋重2盎司，它最大承重量为8磅（1磅=16盎司），那么我现在想把它们堆放成金字塔形状，最高能堆多少层？"

问题是，现在克鲁格教授不在家，那么你能帮杂货店的老板算出来吗？

045 守财奴的金币

　　葛朗台的故事大家都听过，现在有个与葛朗台不相上下的守财奴，他有一些面值5元、10元和20元的金币。他喜欢把它们分别放在五个袋子里天天都看几遍，而且每个袋子里所盛的5元、10元和20元的金币数目相等。

　　守财奴每天都把这些金币拿出来把玩，他把所有的金币倒在桌子上分成四堆，在这四堆中同种面值的金币数目完全相等。然后他随意选出两堆，把这两堆金币混合起来，再重新分成一模一样的三堆，没变的是这三堆中的金币面值和数目都完全一样。

　　不知道这位可怜的守财奴到最后饿死的时候至少拥有多少金币了？和生命相比孰轻孰重？

 **火腿问题**

德国有位农夫很擅长如何推销火腿，但是他的计算能力却实在不怎么样。

这一天，他像平日一样装了一车火腿打算去附近的居民区零售或者批发。

他不想太费脑筋计算，所以他决定不按斤卖，而是以每根1.25美元的固定单价出售，这样他卖起来会简单得多。而且他也不愿意把火腿切开出售，不过如果有顾客愿意花一整根火腿的价格来买半根火腿的话，他还是很愿意的。当然，我们有理由相信，这些顾客一定和农夫一样，对数字很不敏感。

今天，农夫的运气很好，他遇到的第一位顾客看火腿确实不错，就买了半车再加上半根。第二位顾客也毫不吝啬，买了剩下火腿的1/2再加上半根。接着农夫又推着车子来到别的地方，在这里，他又卖出了剩下的火腿中的1/2再加上半根。然后，农夫发现自己来到了一个大旅店门前，虽然老板不在家，但是他却成功地说服了老板娘买了余下的火腿的1/2再加上半根。之后农夫继续向前走，没想到还没走多远，他又遇到了旅店老板。不过农夫并不知道他是旅店老板，老板也根本不知道自己的老婆已经买了很多火腿，所以他又向农夫买了半根火腿，然后又买了剩下火腿的1/2。老板还劝说他同行的朋友也买了剩下的火腿的1/2再加上半根。这个时候，农夫的火腿已经全部卖完了。

农夫今天的生意真是不错，你能算出他的这车火腿一共卖了多少钱吗？还有，车上一共有多少根火腿？

047 合伙钓鱼

我们经常遇到一些非常规题目，如果用常规的方法去解决可能有些困难，但是如果能进行实验，反而比较容易。这里就有一道关于钓鱼的趣题，我们可以一起来看看。

五个男孩A、B、C、D、E出去钓鱼，在出发之前他们议定了分配战利品的方法，不过这个方法着实有些复杂。协议里规定，他们每个人都要和编号相邻的人平分战利品。

接下来我们就来看看他们的成果。A与B一共钓了14条鱼，B与C钓了20条鱼，C与D钓了18条鱼，D与E钓了12条鱼，另外A和E两个人钓到的鱼一样多。然后进行再次分配，如C把他钓到的鱼同左右相邻的B、D两个人的合在一起，然后平均分配，其他人也一样，和相邻的两个人合并，三个人重新平分，就是说D同C、E一起，E同D、A一起，A同E、B一起，B同A、C一起。在分配的过程中他们发现了一件让人感到很惊奇的事，在这五次再分配的情况下，每次都能平均分成三份，数量不多不少，没有多余出一条鱼来。而且，再次分配后，五个孩子分到了一样多的鱼。

通过以上这些提示，读者们能计算出他们各自钓到了多少条鱼吗？

PUZZLING PARTNERSHIPS

打扑克

　　两个小朋友在打扑克牌，"小机灵"哈利和"飞毛腿"吉米商量好最后再清账。经过几个回合后，哈利的钱比开始多了1倍，吉米的钱明显少了。但是吉米把剩下的钱全部压在了最后一局上，而且他运气不错，赢了这一局，这样一来他手里就有了36元，而哈利有42元。

　　你能猜出他们的本钱是多少吗？如果他们想要各自拿回自己的本钱，该怎么办？

第二部分 代数、比例、概率

 香蕉问题

　　克兰西警官很有数学头脑，奥尼尔太太也不差，她对克兰西警官说："我先用每串3先令的价钱买了几串黄香蕉，然后又用每串4先令的价钱买了同样数

量的红香蕉。但是，这显然不是最佳方案，因为如果我把钱平均分配去购买这两种香蕉的话，我能比现在多买到两串。聪明的警官，你能说出这是怎么回事吗?"

050 养鸡计划

下面这道趣题说明了在婚姻生活中，正确制订一个养鸡计划也是非常重要的。

女儿想要和喜欢的小伙子结婚，愤怒的父亲质问她："你想要嫁的这个人至今也没有工作，结婚以后你们打算靠什么生活?"女儿回答说："父亲别着急，克劳德有办法的，他已经做好计划了。今年春天他会买一些小鸡，等到秋天时，这些鸡会孵出很多小鸡，我们会按比例留下公鸡和母鸡，然后将多余的小公鸡卖掉，这样就可以保持公鸡和母鸡的比例不变，而卖公鸡的钱就可以用来筹办婚礼。第二年年底，我们会和今年一样，再把多余的小鸡卖掉，而且第二年我们就没有什么大事要做了，那些钱足够我们的日常花销，还可以存下一部分。这样，到了第三年的时候，我们已经拥有6468只小鸡了。如果我们把这些小鸡卖掉，那我们买房子的3000美元的贷款也可以还清了，您觉得怎么样？"

　　为了让父亲相信他们的计划可行，小两口在说这些话的时候还在纸上进行了详细的计算，严厉的父亲听完之后，觉得这个想法确实可行，就答应了女儿的婚事。之后，他们如期举行了婚礼，贷款买了房子，和银行约定好了还款时间，并且，为了以防万一，他们还特意把还款时间延长了一点。

　　故事讲完了，现在我们假设每窝都会孵出12只小鸡，其中公鸡和母鸡各占1/2，而且每当有小鸡孵出时，就把多余的公鸡卖掉，这样才能保持母鸡和公鸡之间10：2的比例。那么请问，小夫妻必须在第一年春天买入多少只小鸡才能达到他们的预期目的？

051 难分胜负

在感恩节那天，三个人相约进行打靶比赛，结果他们每个人都打了6枪，而且每个人的分数都是71分，如图所示。

大家知道他们三个人分别打中了多少环吗？

052 董事会议问题

乔西最近召开了一次董事会讨论股息问题："先生们，根据我们今年公路营运的实际收益，我们要支付的股息占全部股份的6%，不过还有个问题，在我们的股份中，有400万美元的优先股，这些股份按6%支付是不可以的，必须支付7.5%的股息，这样的话，资金有限，所以我们只能为刚才说的普通股支付5%的股息了。"

上面的这些条件你听懂了吗？你能计算出普通股的价值吗？

053 弹子游戏

　　哈里和吉姆喜欢玩打弹子游戏。这次，在游戏开始时，他们手中的弹子数目是相等的。第一回合哈里赢了，他得到了20颗弹子。不过，老话说风水轮流转，到了最后，哈里把他手中弹子的2/3都输给吉姆了，这个时候吉姆手中的

弹子数是哈里的4倍。

读者朋友，你能根据上面的提示算出游戏开始时哈里和吉姆手里各有多少颗弹子吗？

054 有多少只小鸡

农夫琼斯和妻子玛丽亚商量："如果现在按照我的想法卖掉75只小鸡，那么我们的鸡饲料还能多维持20天。如果按照你的想法，不仅不卖，还要再买100只小鸡，那么鸡饲料会提前15天耗尽。"

玛利亚问丈夫："那么，亲爱的，你能告诉我，我们现在究竟有多少只小鸡呢？"

亲爱的朋友，你能帮帮琼斯吗？

055 混合茶问题

中国是一个精于算术的国度，其中最厉害的就是中国商人了，他们对于数字、重量和尺寸（度量衡）的判断可以说是专家。

有一个茶烟店的小老板，他自制了一种混合茶，销量非常好。这种茶叶由两种茶叶混合而成，其中一种茶叶成本为每千克5个角子，另一种茶叶成本低一些，为每千克3个角子。他配置了40千克这样的茶叶，以每千克6个角子的价格卖出，结果获利1/3。

请根据文中的叙述来判断这种混合茶中两种茶叶的重量分别为多少。

056 买酒问题

为了让一个叫马达曼的仆人买自己的酒，这位商人给了马达曼5%的折扣。不过，这个男仆很贪心，他说他必须还要得到订单总额5%的佣金，不然就不买商人的酒，可是如果这样，厚道的商人就只能从酒中得到5%的利润，于是为了每个人都能拿到5%的利润，他们把本来为882法郎的订单总价提高了些（这个价格是打折之前的）。

问题来了，他们是怎样通过增加订单总价，使得每个人都得到了自己想得到的利润呢？

057 小鸡换牲口问题

农夫约翰和他的妻子打算去集市上用家禽换些牲口回来。按照当地的交换习俗，85只小鸡可以换到1匹马和1头奶牛，而5匹马的价格与12头奶牛的价格是相同的。

不过很显然，农夫和妻子各有各的想法。妻子："约翰，我们把选中的马多带1倍回家吧，这样我们就有17头牲口了。"但是约翰说："可是我觉得奶牛比马更加经济也更能赚钱，而且照你的说法，假如我们把选中的奶牛再加1倍，我们就有19头牲口了。我觉得这样很合理，我们的小鸡数目正好可用来交换这些牲口。"

这两个乡下人可真是精打细算，他们虽然没有学习过现代数学知识，但是他们清楚自己有多少只小鸡，而且可以清楚地算出小鸡可以换得的奶牛和马匹的数目。

读者朋友们，你们是不是也像农夫夫妇一样聪明呢?

第二部分 代数、比例、概率

058 吉卜赛女郎问题

一位吉卜赛女郎到处流浪，过着动荡不安的生活，她的收入来源就是为人占卜未来的手艺。她为人占卜一次要收费25美分。

最近情况有点糟糕。她说："上上周我赚到的钱还不足3美元，上周只有上上周的1/3，而这一周比上周的1/2还要少。"

那么请问，她在这三周里一共赚了多少钱？

059 粮食问题

琼斯向他的邻居史密斯租了一块土地，并说好用2/5的耕作产量作为租金。这样，按照约定，收获的时候琼斯能够得到价值50美元的大麦，这些大麦比同样数量的小麦价值高18.75美元（按照他们的算法，130蒲式耳大麦比80蒲式耳小麦贵8美元）。（注：1蒲式耳=36.268升）

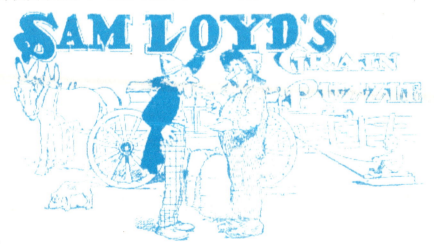

问题就在这儿，如果琼斯用大麦抵付租金，那么事情就容易了。但是现在琼斯想要用小麦抵付租金，史密斯有些头疼，他应该收取多少小麦当作租金呢？

060 对长颈鹿的赔率是多少

许多人之所以搞不清楚赛跑题，是因为他们基本上没有弄懂概率论，所以为了帮助这些朋友，我们找出下面这个简单的问题来给大家上一课。

在赛跑中，如果对河马的赔率是1赔2，对犀牛的赔率是2赔3，那么对长颈鹿的赔率是多少?这个题目的前提是，一切都是公正的，正如在趣题王国中一直保持的那样，没有任何人为因素。另外还有一道题目也与此有关：

在2英里的赛跑中，如果长颈鹿能超过犀牛1/8英里，而犀牛又能超过河马1/4英里，那么请问在这个比赛中，长颈鹿能超过河马多少距离？

第二部分 代数、比例、概率

061 拔河趣题

这一题所说的问题是我们在日常生活中经常会遇到的。已知四个壮小伙和五个胖姑娘的力量势均力敌，而两个胖姑娘加上一个壮小伙与两个瘦姑娘力量平衡，那么，当两个瘦姑娘和三个胖姑娘与一个胖姑娘和四个壮小伙拔河时，你认为哪一边会赢？

062 股份分配问题

布朗与琼斯一起经营着一家老商行，不过布朗的投资数目是琼斯的1.5倍，两人投资总额不超过10000美元。后来他们接受了鲁滨孙入股一起经营，而且，布朗与琼斯两人按比例分配了鲁滨孙向商行投入的2500美元，这样分配后，两人的股份正好相等。

这道题的巧妙之处就在于，布朗与琼斯怎样分配这2500美元才可以达到这样的效果？

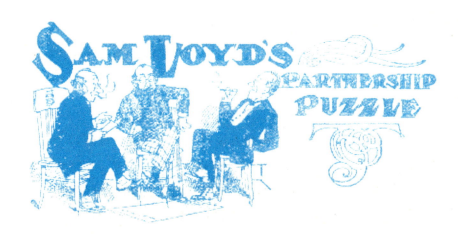

063 分硬币问题

三个小男孩捡到了一个装满钱的钱包，尽管他们身无分文，但是在发现和他们同路的一位妇人是钱包的主人后，他们还是将钱包还给了她，因为她能准确说出钱包里面装的东西。妇人很高兴，为了奖励他们拾金不昧的品质，妇人把钱包里的所有零钱送给了这三个男孩，一共6枚硬币，共58分。可是这些钱没办法平分成3份，所以她给了最大的孩子1枚硬币，然后把剩下的钱平均分给了

第二部分 代数、比例、概率

其他两个孩子，并要求他们只能用这些钱来买烟花，而且买来的烟花正好可以给他们三个人平分。

如果我们要找6枚硬币的搭配方式，似乎真是个不小的问题，因为6枚硬币有好多种搭配方式。但是我相信，在妇人给了最大的孩子多少钱的问题上，我们的趣题爱好者应该不会遇到太大问题。

064 分苹果问题

8位小朋友要分掉32个苹果，分配方法为：安1个苹果、玛丽2个苹果、简3个苹果、凯特4个苹果，史密斯得到的苹果和他妹妹的一样多，布朗的苹果是他妹妹的2倍，琼斯的苹果是他妹妹的3倍，鲁滨孙的苹果是他妹妹的4倍。

读者朋友们，你们能看出安、玛丽、简和凯特分别是谁的妹妹吗？

065 投资问题

　　史密斯先生和他的妻子商量，打算在郊外购置一幢小别墅。史密斯先生提议说："如果我们要买这栋价值5000美元的房子，那我的钱不够，你需要把你的钱拿出3/4给我，这样你剩下的钱还足够购买屋后的小树林和小溪。"

　　"这样不行，"他妻子说，"这个方案不合适，你可以把你的钱拿出2/3给我，再加上我自己的钱，我们一样可以买下那栋房子。而且你手头余下的钱也可以买下小树林和流淌的小溪。"

　　现在我们知道了别墅的价格，但你能猜出小树林和小溪的价格是多少吗?

第二部分　代数、比例、概率

066 进城购物

　　鲁本大叔和辛西娅婶婶进城购物。鲁本大叔买了一套衣服和一顶帽子，共

用去15元。辛西娅婶婶买了顶帽子，不过她的帽子比较贵，用去的钱和鲁本大叔买衣服的钱一样多。之后她又看到一条美丽的裙子，于是便用他们所有剩下的钱买了新裙子。

回来的路上，鲁本大叔不太高兴，抱怨说辛西娅婶婶的帽子都跟他的一套衣服一个价格了，太贵了。辛西娅婶婶不买账，提醒他说他的帽子要比她的裙子还贵1元呢。接着她又说，如果她帽子的价格比鲁本大叔的帽子的价格能多1/2的话，那他们两个人花的钱就一样多了。

辛西娅婶婶的话把鲁本大叔弄糊涂了："要是这样的话我的帽子该是多少钱呢？"

读者朋友们能帮鲁本大叔算算吗？还有，鲁本大叔和辛西娅婶婶一共花了多少钱？

067 一分硬币问题

这次又是分配报酬的问题。三个男孩共同工作了一天，得到了3.9美元的报酬，共7枚硬币（当时美元中硬币的面值为5美分、10美分、25美分、50美分和3美元五种）。但这些硬币显然无法平均分配，所以男孩们只好请人帮忙。这时他们发现附近有位男子正悠闲地坐在栅栏上，很有空的样子，于是男孩们决定请他帮忙。

在男孩们说明原委后，这名男子拿出其中的一枚硬币放入自己的口袋，然后和男孩们说："把这枚硬币给我，就当是我帮你们解决问题的报酬，现在你们可以平均分配这6枚硬币了，这很容易。"

朋友们，你们知道这7枚硬币分别是多少面值的吗？男孩们要如何分配吗？

第二部分 代数、比例、概率

 年金问题

琼斯为他的三个女儿设置了一种年金，女儿们每年分配这些年金的根据就是她们各自的年龄。

第一年，最大的女儿菲比得到了全部年金的1/2，但是到了第六年时，玛塔得到的年金比第一年得到的少了1美元，而菲比比第一次得到的年金少了1/7，玛丽安得到的年金是第一次的2倍。你能算出琼斯为女儿们设置的年金是多少吗？

069 草地网球问题

一年一度的草地网球锦标赛按照淘汰制进行比赛，失败者被淘汰，获胜者进入下一轮比赛，最后晋级的人将与上届总冠军夺取总冠军头衔。

现在假定参赛队员为16人，且每一名运动员必须连胜五场才能获得冠军。假定每名运动员获得冠军的概率都是相等的，那么你知道每名运动员在这项比赛中获得冠军的概率有多大吗？

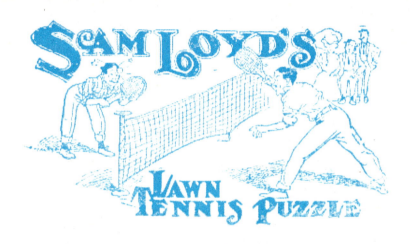

070 帕特买房

帕特打算买一套房子，但是他拿出了所有的现金还是不够，于是他决定采用分期付款的方式来买下这套房子。

他先交了1000美元首付，银行规定帕特还必须在每年年底再支付1000美元，五年之后他的所有欠款就都还清了，包括房子的剩余费用和五年的利息在内。依照约定的条款，帕特借款的利息是5%。那么请问，这套房子的实际价格是多少？

071 小贩的生意

彼得最近和一位老太太做了一笔生意，这位老太太的购物方式十分复杂，于是彼得完全算不清自己的几样东西都卖了多少钱。

老太太先是买了几副鞋带，接着她又要买针线包，数目是鞋带的4倍，最后又买了很多手帕，数目是鞋带的8倍。然后她一共付给了彼得3.24美元，而且她买每件东西所花的美分数刚好等于她买进这种东西的件数。

你能帮可怜的彼得算算老太太究竟买了多少块手帕吗？

072 古老的东方游戏

有一种说法是现在"掷骰子"游戏源自一个古老的印度游戏。

这个游戏非常简单，其实就是一群人轮流掷三个骰子，谁要是能掷出7点或者11点，那么他就似乎是赢家。你知道这个游戏获胜的概率是多少吗？

073 奶牛生意问题

农夫琼斯以210美元的价格卖了两头奶牛，不过其中一头奶牛让他赚了10%，而另一头奶牛却让他亏损了10%。但是总体来说他还是赚了5%，那么现在来算算两头奶牛的进价各为多少吧？

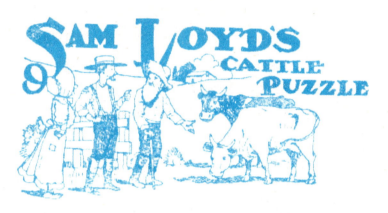

074 海蛇群

近些年，海蛇的数量好像越来越多了，人们经常能在海滨胜地发现许多新的海蛇种类。虽然南塔吉特岛上的船长们讲述的故事除了惊恐和过去也没什么不同，但是人们却对这个古老的话题重新感兴趣起来。

不过柯达照相机的出现使这些船长们不再单纯，为了吸引人们更多地关注捕蛇这一行业，为了更多的商业利益，老水手们的故事越来越夸张起来，船员们一向货真价实的航海日记也不再可信，到现在，如果你的故事没有一组照片来说明它的真实性，恐怕谁都不会再相信你。

比如，一位船长说：当他们的船停靠在科尼埃兰沿海时，一大群海蛇包围了他们，而且其中有几条海蛇是瞎子。

他回忆说："有3条海蛇看不见右边，3条海蛇看不见左边；3条海蛇能看见右边，3条海蛇能看见左边；3条海蛇左右两边都能看见，3条海蛇左右两边都看不见。"然后就这样，这些话没有被证实就写进了航海日记存档，而且船长还发誓说他确实看到了18条海蛇。

不巧的是，正好有两位摄影迷拍摄到了这群怪物和当时的场景，从照片上看，船长的说法实在是夸张了，因为照片上海蛇的数量根本没有那么多。

如果老船长说谎了，那么，这群海蛇究竟有多少条呢？

075 打靶问题

我是一名射击运动的业余爱好者，不过也参加过很多次射击比赛。最近我观看了美国队和法国队之间的手枪射击比赛，有些过程真的很有意思。这次比赛最后美国队以4889环取胜，而法国队得到了4821环的成绩，美国队在这个项目上确实有不菲的实力。

因为两个队伍的比赛是在海上举行的，且不在同一场地，不能第一时间知道对方的成绩，只能通过电报发送信息，因此比赛相当激烈有趣，而这一举措也让比赛增色不少。我在比赛中发现了一些很有趣的小问题，如我下面讲的这一个："一位选手用6发子弹打中了96环，不过当裁判查看靶子时，却发现靶子上面只有三个孔，这样也就意味着其中3发子弹从前面已经打出的弹孔中穿了过去。如图所示，靶子上标出了1环~50环的标线，现在你能猜出他打出的环数分别是多少吗？"

076 算术问题

汤米不擅长算术，这天，他问老师："假如5乘以6得33，那么老师，20的1/2是多少？"朋友们，你能说出答案吗？

077 连锁链问题

如图所示，一个农夫有六条这样的锁链，每条都有五个小环。现在他想将这六条锁链拼接成一个圆环链。现在切开一个小环需要8美分钱，重新把它焊接起来需要18美分钱，而这样一条成品链子的售价是1.5美元，请问农夫要怎么做才能省最多的钱？那么他最多可以节省多少钱？

078 复杂的输赢问题

我们一行三人乘坐汽船"细菌"号外出旅行，路上无聊时便打牌作消遣。第一局我输给了男爵和伯爵，他们两人的钱都翻了一番。第二局我和男爵赢了，我俩手上的钱又翻了一番。第三局我和伯爵赢了，这样我们两人的钱又翻了一番。现在的情况是这样，我们三人都赢了两局输了一局，而且到最后我们每人手中的钱数都相等，不过最后我在查看我的总钱数时，发现自己在这三局中还是输了100美元。读者朋友们，你们知道我们原来有多少本钱吗？

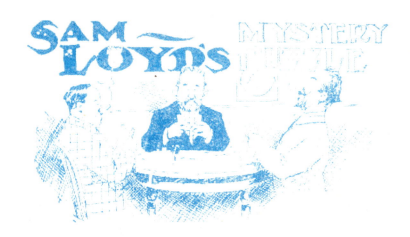

079 数字14～15问题

如图1所示，十五个数字按顺序排列在正方形盒子里，其中只有14和15的位置是颠倒的。

（1）移动图1中的数字，使颠倒的14和15回到原位，所有的数字都按顺序排列，而且要求剩下的一个空格在左上角，移动后的样子如图2所示。

（2）首先将盒子从图2的方向调转成图3所示的方向，然后移动数字，使方格中的数字10在任何方向相加都等于30。

图1

	1	2	3
4	5	6	7
8	9	10	11
12	13	14	15

图2

1	2	3	4
5	6	7	8
9	10	11	12
15	14	13	

图3

 在趣题王国里做生意

　　在趣题王国里，趣题无处不在，就连所有的商品交易都是以趣题的方式为基础的。比如说，老农夫琼斯卖掉了他所有的甜瓜，我们先来说说他卖瓜的方式：他卖给第一位顾客他所有甜瓜的1/2再加上1/2只甜瓜；卖给第二个顾客余下甜瓜的1/3再加上1/3只甜瓜；卖给第三位顾客剩下甜瓜的1/4再加上1/4只甜瓜，最后琼斯卖掉了剩下甜瓜的1/5再加上1/5只甜瓜，这时候琼斯还剩下一些甜瓜。鉴于剩下的甜瓜都是人们挑剩下的，琼斯决定把剩下的全部甜瓜按1美元

13只的价格统统卖光，而不是之前的1美元12只的价格。

现在假定这位老瓜农所拥有的甜瓜总共不到1000只且全部卖光，那么请问，你知道他的这批甜瓜总共卖了多少钱吗？

 081 买苹果

凯蒂和哈里正在为如何花掉手里的1毛多钱而商量着。

凯蒂说："如果你给我一分钱，我就能买两个4分钱的苹果给我和弟弟，你剩下的钱也还可以给你自己买一个同样价钱的苹果。"

哈里听罢很不乐意："这不行，小弟都没有牙怎么吃苹果啊？这样吧，从你的钱里拿一分给我，我们两个人可以一人买一个6分钱的橘子。"

聪明的你，知道凯蒂和哈里各有多少钱吗？

 你能砸中50点整吗

你知道人们所说的世界上最公平的游戏是什么样的吗？有一天，我和我的好友在欣赏一段影片花絮时，看到了这个所谓世界上最公平的游戏。你面前有10个小人偶，每个小人偶上面有一个数字，你用棒球去砸它们，次数不限，距离远近不限，如果你砸中的小人偶身上的数字加在一起为整50，那么恭喜你，你赢了，奖品是一支真正的带金边的马吉克莱雪茄，价值0.25美元。

可遗憾的是，我们还没有完全了解获胜的窍门，口袋却已经被掏空了。而且我发现也许其他人和我们的遭遇是一样的，因为抽马吉克莱雪茄的人并没有比以前多。游戏摊主说，其实想要赢并不难，但是前提是你不能有种族偏见，否则这会毁掉你获胜的机会。但是事实上，没有种族偏见的人是很少的，所以赢的人也很少。

你有种族偏见吗？你能赢得金边马吉克莱雪茄吗？

083 有名的十字面包

趣题无处不在，这次，让我们先来听一段热十字面包的叫卖声。

"热十字面包，热十字面包，1分钱买1个，1分钱还能买2个，如果你的女儿不爱吃，那就给儿子！1分钱买2个，1分钱买3个，热十字面包，大家都爱吃。我的女儿和儿子一样多，我给了他们7分钱，这些钱足够他们买面包。"

通过这个叫卖声我们可以判断出，热十字面包共有三种售价：一种是1分钱1个，另一种是1分钱2个，还有一种是1分钱3个。如果说叫卖声是没有错误的，他的女儿和儿子一样多，给他们7分钱，若每个孩子都可以拿到数目相同的面包。那么请问，每个孩子能买多少个面包？

第二部分　代数、比例、概率

084 小麦债务

A CORNER IN WHEAT

这是一道真正享誉全球的趣题。据百科全书记载，我们今天所盛行的国际象棋是由一个印度人发明的。鉴于他对世界的贡献，印度国王想要给他一个丰厚的奖励。但是他的要求简单得让国王非常吃惊，因为他只要求国王能在国际象棋的64个方格中放上麦子，当然，如何放是有一定规则的：在第一个方格里放1粒小麦，第二个方格里放2粒，第三个方格里放4粒，第四个方格里放8粒……每一个方格里的小麦乘以2得到下一个方格的小麦数目，直到棋盘的64个方格完全都放上小麦。

国王认为这个奖励真是太微不足道了，他完全同意这个印度人的要求，并让他去会计和财政官那里领取。但是，他们很快发现自己错了，他们就算用尽整个印度的麦子，甚至是全世界一百年生产的麦子也偿还不清这笔债务。但这个印度人不依不饶，他坚持要收取这笔债务，而且声称全世界的小麦都归他所有，因为国王答应了他。现在我们且不谈印度国王有没有资格把全世界的麦子都给他，或者国王会不会履行诺言，我只是想问大家，你知道满足他的要求共需要多少小麦吗？

085 慈善问题

一位善良的贵妇人在路上遇到一个乞讨的穷人，于是她把口袋里1/2的钱加上1分施舍给了他。不料他是美国基督教组织"托钵僧协会"的一名成员，他向贵夫人道谢后，在贵妇人的衣服上画了一个他们组织表示"一个好人"的标记。这样一来，贵妇人在路上行走时遇到了很多向她乞讨的人，因为大家都看到了这个标志，知道她是一个很善良的人。

她不能拒绝，只好给了第二个乞丐她余钱的1/2多2分，然后给了第三个乞丐她余钱的1/2多3分，这时她的口袋里只剩下1分钱了，无法再去施舍给更多的人了。

读者朋友们，你们知道她原来有多少钱吗？

086 修房问题

我准备装修一间房子，本来打算与工人们单独签合同，但是通过计算我发现，其实以组合的方式签合同更加经济。例如下面我签的这份合同：

裱褙工人和油漆工 1100美元；

油漆工和水管工 1700美元；

水管工和电工 1100美元；

电工和木工 3300美元；

木工和泥瓦匠 5300美元；

泥瓦匠和裱褙工人 2500美元。

以上就是我装修需要付的全部费用，那么请问，要修好这间房子需要分别给每位工人支付多少钱？

 **野餐难题**

为了参加一年一度的野餐会，镇上所有的马车都必须出动来载人。但是刚走到半路就有10辆马车发生了故障，这样，如果所有的人都想去野餐的话，那么剩下的每辆马车上都必须再多载1个人。不巧的是，在野餐完返回的时候，又有15辆马车坏了，如此一来，剩下的马车就又得多载一些人。如果现在剩下的每辆马车必须比早上出发时多载3个人，你能算出来有多少人参加了这次野餐会吗？

088 **牲口贩子问题**

三个精明的牲口贩子在公路上相遇，于是不失时机地开始谈生意。汉克对吉姆说："我用6头猪换你1匹马，这样你的牲口数将是我所有牲口数的2倍，这个生意不错吧？"杜克对汉克说："那我用14只羊换你1匹马，那么你的牲口数将是我的3倍，这个更合算。"吉姆对杜克说："我用4头牛换你1匹马，那么你的牲口数将是我的6倍。"情况有点复杂了，你能计算出他们三人原本各有多少头牲口吗？

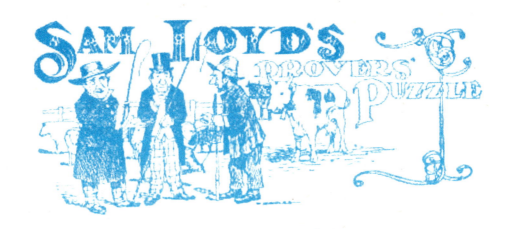

089 旋转木马问题

小萨米正在玩旋转木马。突然他眼珠一转，得意扬扬地和大家说他想出了一道趣题。

"用坐在我前面的孩子人数的1/3再加上坐在我后面的孩子人数的3/4，就等于现在坐在木马上玩耍的孩子总数。你们谁知道现在旋转木马上一共有多少个孩子？"

读者朋友们，你们知道吗？

090 啤酒问题

"红冠"和"绿冠"两组喜欢喝啤酒的人在海德尔堡举行了一场喝啤酒比赛。按规则，他们中的每一个人都要向其他人各敬一杯酒。现在我们知道两方的总人数不到24人，"红冠"组比"绿冠"组一共多喝了108杯啤酒。

请你算算"红冠"一方共喝了多少杯啤酒？

091 骰子游戏

有一段时间我和一群矿工待在一起，他们喜欢玩儿一种骰子游戏，我看久了，便从他们这个游戏中想出了下面这道趣题。

这个游戏的目的就是在两个玩家中看谁先到25点，得到25点算赢，或者用方法使对方到达25点，先超出的人就是输家。玩法是这样的：让一个人先随便说出一个数字，比如第一个人说了数字5之后，就由另外一个人掷出骰子，假设他掷出的是3点，那么点数就是5+3=8点。之后就不再掷骰子了，而是转动骰子玩算术游戏。接下来又该第一个人了，他把骰子转动90度，转动时点3要面朝上，然后在1、2、5和6这四个数字中选择一个。如果他选择6，那么点数加起来就是14了。这时候该第二个人转动骰子，转动时点6要面朝上。转动90度后，如果他选择点数4，点数就到了18。第一个人如果再转到6，点数就到了24，这时候第二个人就赢得了比赛的胜利，因为对手不可能得到25，不管他怎么再转动

骰子，点数也只能加到25以上，所以他就输掉了比赛。其实这个游戏是有规律可循的，只是矿工们不太懂，他们认为这只是运气问题。

那么，如果从数学的角度讲，你知道首先说什么数字才是最佳的选择吗？

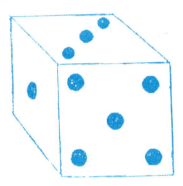

092 射箭游戏

如下图所示，年轻的女孩儿在射箭比赛中取得了100环的好成绩。你能猜出来她是怎样得到这100分的吗？

093 生意的秘诀

一位成功的商人教他的儿子怎么做生意："孩子，你知道做生意赚钱的关键在哪儿吗？是货物卖价的高低，而不是货物进价的高低。就比如这件高级西服，我把它卖了，可以获得10%的利润。你可能会说，如果我能够把进价压低10%，然后以20%的利润加价卖出去，赚的不是就更多了吗？可是事实是，如果把进价压低10%，最后赚的钱反而会比原来还少0.25美元。"

这是怎么回事呢？你能算出西服原来的卖价是多少吗？

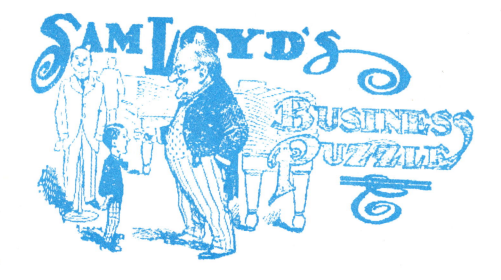

第二部分 代数、比例、概率

094 钥匙链问题

如图所示，丈夫把标有序号的钥匙都串在一个环状钥匙链上。他把串上去的钥匙分成了三部分，其中两部分序号数字相乘其答案等于第三部分序号组成的数字。这样，如果有人动过钥匙，他很快就能发现，因为谁都不会想到会有人这样放钥匙。

现在，很显然钥匙被动过了，因为6910与7的积并不等于83452，钥匙的序号出了问题，生气的丈夫正在查找动过钥匙的人。

如果换作是你，你知道如何放置和分配钥匙串来使得两部分之积等于第三部分的吗？

095 救济款问题

有一位好心的女士决定每个星期都要捐助一些救济款给那些生活特别困难的人。第一周，来领救济款的人到齐之后，她说，如果能少来5个人的话，每个人就可以多得到2美元。听到女士这么说，来的每一位穷人都试图说服其他人第二周别来。但是，第二周领取救济款的时候，人们发现来的人不仅没有比上周少，反而多了4个人，结果他们每个人领到的救济款比上周还少了1美元。

这真是个让人头疼的事情，聪明的你，知道第一周他们每个人领到了多少救济款吗？

096 双胞胎分财产问题

有钱人奥索格斯就要老来得子，知道消息后他欣喜异常，便允诺说，如果是个男孩，他就把财产中的2/3留给儿子，剩下的1/3留给他的妻子；如果是个

女孩，他就把2/3的财产留给妻子，1/3留给女儿。可是后来，他发现孩子是双胞胎，而且是一个男孩一个女孩。奥素格斯既高兴又苦恼，他实在想不明白应该如何分配这些财产了。

朋友们，不如大家都来帮助奥素格斯吧，你们觉得应该怎样分配他的财产呢？

097 油和醋

这道题目需要配合下面的图一起来解。一位成功的投机商人说："我是从卖油和醋白手起家的。我对我的第一位顾客记忆犹新，他一次买了14美元的油和14美元的醋，那时候每加仑油的价格是醋的价格的2倍，所以他买完东西之后，最后我还剩了一桶。"

这位商人真是精明，他竟然把他的第一笔生意用数学趣题的形式讲了出

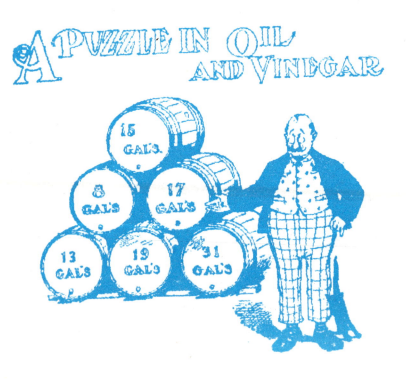

来，不过这看起来真的有点复杂。那你能猜出他卖掉的是图中的哪几桶吗？这几桶分别是油还是醋？最后剩下的那一桶值多少钱？

法兰克福香肠

我要和大家说一道从德国人那里听来的经济趣题。

哈尔勒姆有三个男孩在上学的途中迷路了，他们费尽力气也找不到学校的位置，快要中午了，他们依然在兔子岛附近转悠，找不到出路。此时他们已经饥肠辘辘，于是大家决定把包里的食物都拿出来分配。其中，哈里有4根法兰克福香肠，托米有7根，但是吉米没有任何食物。为了从哈里和托米那里获得一份食物，吉米需要支付一些钱，于是吉米拿出了11分钱分给哈里和托米。这样一来，三个人的支出就相等了。可能对有的商人来说这是一道难题，可能有的觉得很容易。不过对这些聪明的学生来说，两人分11分钱也不怎么为难，就像他们可以轻易地将11根香肠分给三个人一样。那么，你知道哈里和托米怎么分11分钱的吗？如果你知道这个问题的答案，恭喜你，你已经知道法兰克福香肠的价格了。

099 花销问题

下面是史密斯在大减价期间的经历。他说他总共带了B元2A分钱，在半个小时之内花掉了1/2的钱，剩下A元B分钱。

现在的问题是，史密斯花了多少钱？

100 清仓大减价

一个服装店的裁缝因为一些原因打算不计成本减价处理他库存的衣服，经过几次降价后我们发现他每次降价之间的距离都有一定规律可循。比如说，原价20元的衣服第一次降价到8元，接着又降到3.2元，后来价格只有1.28元了。如果按照他降价的规律继续下去的话，只要再降一次价就是这件衣服的成本价了。

读者朋友们能看得出来裁缝的降价规律吗？能够算出成本价是多少吗？

地产生意问题

　　在投资问题上，商人的眼光往往是最重要的。我现在要说的就是这样一个例子，在人们都涌向郊区开发土地的时候，有位地产投机商人也一样想要去郊区买地。但是很不凑巧，他下错了车站，因此他不得不在原地等候下一趟列车前往郊区。就在等车期间，他发现了车站附近的一块地，然后花243美元买下了，之后又把这块地分成了若干小块地，过了一段时间卖还给了原来的主人，价格是每小块18美元。这样，他赚的钱恰好等于其中6小块地最初买价的价值总和。

　　真是个聪明的商人，那么，聪明的读者，你知道他将地分成了多少小块出售吗？

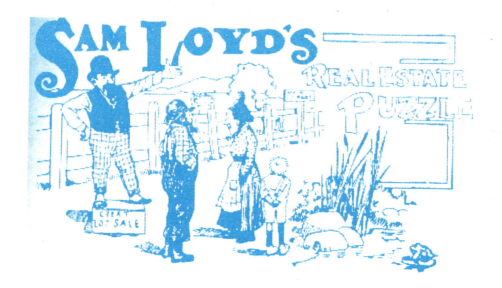

 选举问题

　　很多数学运算的趣题都与选举有关，这里就有一个要给读者朋友们说说。一次选举活动中有4个候选人，投票结束后通过统计有效选票为5219票。当选者

第二部分　代数、比例、概率

的票数分别超出其他3人22票、30票和73票。在场的人都想要知道他们各自分别得到多少票，可是无人能算得出来这4个人的具体票数。

你可以帮帮他们吗？

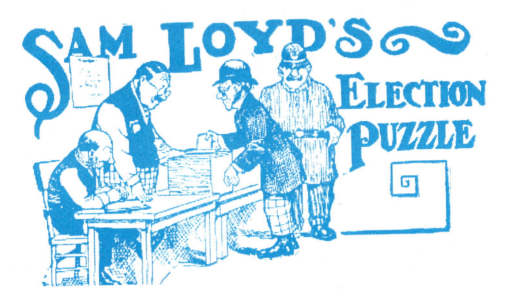

103 加法与乘法

如图所示，我们都知道2+2=4，2×2=4。那么，如果给你一个方程式，$a+b=y$，$a \times b=y$，a和b除了是"2"之外，是不是就没有别的可能了？

其实我们不妨试一试2.618024和1.618034这两个数，你会发现把这两个数字代入方式，方程式一样正确。看到这里，大概你心里也有些想法了。实际上这道题有许多答案，并不局限于这两组数字，而且规则其实非常简单，如果仔细思考你一定会有所心得。

 **猪圈问题**

　　设计智力趣题其实不是件容易的事，常常有人问我是如何想出那么多智力趣题的，是靠灵感还是长久的思索?我一般都会这样告诉他们："这两者都是不可缺少的，其实任何发明创造都是一样，是两者共同作用的结果。"不过，话虽如此，也有一定的规律可循，例如，题目的框架往往都是来自偶然的机会。

　　例如，有一天，我和朋友骑车外出郊游，正当疲惫的时候，我们遇到了一位和善热情的爱尔兰人。他有一个美丽的苹果园，附近还有清澈的泉水，这使得我们这些自行车"朝圣者"都情不自禁地把他那间小小的棚屋当成了"麦加圣地"。主人的个性十分独特，而且机智无双，我们不得不甘拜下风，因为我们中间几乎没有人能比他机灵。例如，我对他说，我和他很有缘分，因为大家都是以"pen"（英语中既表示笔又表示猪圈）为生的。谁知他一本正经地问我道："你知道为什么爱尔兰人总喜欢把猪圈建在自己房子的窗户下面吗?"

在我绞尽脑汁列举了各种原因之后，他摆出神秘兮兮状，但是用几乎在方圆一两公里以外都能听得到的声音在我耳边说："其实这个很简单，因为怕猪跑掉。"他还一本正经地叮嘱我，不让我把这个理由告诉其他人，因为别人一定会嘲笑他这个答案。这可真是黑色幽默。后来在我们回家的途中，每当想起这个爱尔兰人的 "机密"，大家就会大笑不止，甚至有人笑得从自行车上摔下来。

这个经历不但让我心情愉快，而且还给了我灵感，让我设计出了下面的趣题：如果这个爱尔兰人有21头猪，他打算做个矩形的猪圈把猪圈在里面，而且在这个猪圈内部用篱笆隔成4个小猪舍，保证每个猪舍里都有偶数对猪再加上1头猪。那么你知道这种猪圈该怎么建吗？不知道这个爱尔兰人看到这道题目后会不会很得意。

105 趣题国幼儿园

"趣题国"王国的人民都擅长做趣题。这一天，国王去参观黑镇幼儿园，发现那里的老师非常有创意地使趣题无处不在。他将自己的衣服做成了国际象棋棋盘的图案，然后按一定规律剪开，而孩子们的任务就是把这些衣服的碎片拼接起来重新组成棋盘。这其实不是个难题，大家和孩子们一起动脑筋吧。

在另一边，传令官汤米·里德尔斯和公主在黑板上发现了另外一个趣题，如图所示，上面有一个算式，但是1、2、3、4、5、6、7、8、9、0这十个数字是用字母A、B、C、D、E、F、G、H、I、J分别来代替写成的。当然了，数字和字母并不是按这个顺序一一对应的。大家可以通过做实验的方法找到每个字母所替代的数字吗？一定要使这个算式成立哦。

第二部分　代数、比例、概率

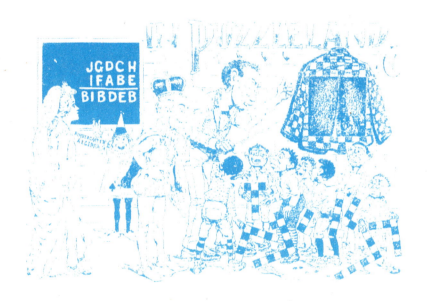

106 失踪的便士

这道题目也可以叫作"修女的果园问题"，它在大约半个世纪前的伦敦流传甚广，不过这道题目并不容易，甚至一些英国的数学家也解答不了。

事情是这样的：两位太太一起在市场上卖苹果，后来史密斯夫人因故要离开一段时间，于是她请琼斯夫人代她把苹果卖掉。问题是，两位太太的苹果数目虽然同样多，但是琼斯夫人的苹果个头更大一些，因此1便士卖2个，而史密

斯夫人的苹果个头小些，1便士卖3个。为了让生意更公平些，琼斯夫人决定将两人的苹果合在一起，捆绑销售2便士卖5个。

这样，一天后当史密斯夫人回来时，苹果已经全部卖完了。这本来是个皆大欢喜的事情，但是，她们分钱的时候发现少了7便士。她们苦思冥想，可是无论如何也不知道这7便士哪里去了，而且，也正是这7便士让数学家们迷惑了很长一段时间。

现在我们先不想这7便士的去处，假定她们平均分配卖苹果的收入，一人1/2，那么你能算出琼斯夫人损失了多少钱吗？这是为什么呢？而且，你知道她们每个人有多少个苹果吗？

107 项链问题

如图所示，这位女士买了这样的12条链子，想把它们重新组合成一条100个环的项链，不过这样的话她就得打开一些小环和大环来接入更多的环。此时珠宝商对她说，打开一个小环并接好需要15美分，打开一个大环并接好需要20美分。

你能帮这位女士算算接好这条项链最少需要多少钱吗?

拿错帽子的概率问题

日常生活中，情况无时无刻不在发生各种变化，从这个角度来说，生活中任何时刻都有可能产生趣题。这一次，乔治·华盛顿·约翰逊就遇上了。他是一位诚实的衣帽间管理员，他保证他下面说的事情是真的发生在一次上流社会聚会中。

在那次聚会结束的时候，有6名酩酊大醉的人来衣帽间取帽子。这时候衣帽间里确实还剩下6顶帽子，本来是正好的，但问题是他们已经醉到没有一个人能出示存物牌来说明哪一顶帽子是他们自己的。约翰逊也没有什么办法，不得不抱着侥幸心理让他们每个人自己来挑选。可是很遗憾，他们6个人每一个拿的都不是他自己的帽子。

其实从趣题爱好者的角度来看，这也算是件好事，不然我们哪里会有这么

有趣的题目呢？现在大家就来算算他们6个人都拿错帽子的概率是多少？

A problem in chances

第三部分

答 案

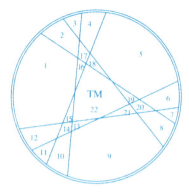

第一部分 答案

001. 图形变换问题

将x部分取出后，合拢y和z之间的缺口，然后将x倒置，塞入底下的缺口中。

如图所示：

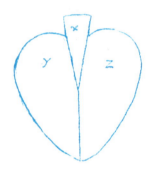

002. 寄宿公寓的大饼之谜

大饼最多可以被切成22块。

方法如图所示：

中间的"TM"是房东太太在大饼上做的标记，以区分大饼是否有馅。类似的题目还有圆盘形奶酪和新月形奶酪的切法。

003. 金砖问题

现在小方格的数目仍然是576个。

从第一次测量的结果我们得知，金砖的面积是24×24平方英寸大小。在拼成长方形之后，我们尽可能精确地测量长方形的面积，测量得越精确，就越能发现谜底。因为新的长方形的面积应该是23×25+1，结果仍为576。

004. 印度花

如图所示：

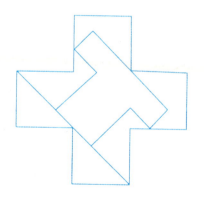

005. 奶酪问题

把奶酪切6刀，最多能得到42块。

这个问题与前面切大饼的问题有点类似，但又不尽相同。因为大饼被看成平面的，而本题中奶酪是有厚度的，因此一刀切下去，块数应该更多。正确的答案是：第1刀下去，能把奶酪切成2块，第2刀能切成4块，第3刀能切成8块，第4刀能切成15块，第5刀能切成26块，第6刀能切成42块。

006. 复活节十字架问题

按照下图所示的方法，可以将希腊十字架剪成三块并拼接成长宽之比为2∶1的长方形。

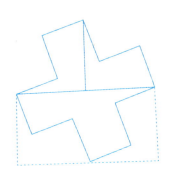

007. 拼正方形问题之一

如图所示，先将1和2两个小三角形剪下来拼到中间，然后再沿着梯形

折线将纸张剪开，把第四部分整个向下移动一格就可以构成一个正方形。（并不是所有的矩形都能够用这种方法转换成正方形，只有边长满足一定比例要求的才能够转换成正方形，矩形的边长比为3∶4的，就不能做台阶转换。剪成5块是目前最简洁的方法。）

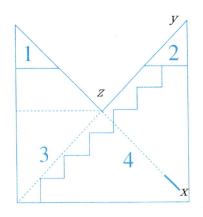

008. 拼正方形问题之二

如图所示：

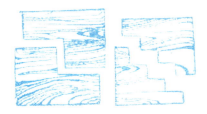

009. 波比小姐的羊圈问题

因为8根桩子所围起来的正方形羊圈的面积和10根桩子所围起来的长

175

方形羊圈的面积相等，所以羊群里至少有8只羊。不过，前提是每2根桩子之间的距离都是相等的。

如果木匠按1英尺1根，也就是2根桩子之间的距离都是1英尺，一个长用5根桩子而宽用2根桩子的长方形羊圈所围成的面积是4平方英尺，所需要的桩子为10根。而8根桩子按照1英尺1根的距离摆放所围成的正方形面积也是4平方英尺，虽然两者面积相等，但是后者少用了2根桩子。

010. 希腊十字架问题之一

可以按照下图的方式切割，将希腊十字架切割成四块并拼成正方形：

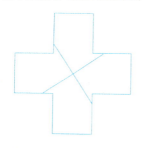

其实，我们沿着下图中任何一组垂直相交的线来切割，都可以把十字架拼成正方形。

011. 希腊十字架问题之二

切割和拼凑方法如图所示：

中间部分为一个十字架，边角部分可以拼凑成另外一个十字架。

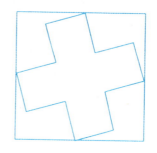

012. 希腊十字架问题之三

用下面这种方法拼出的两个十字架的大小相等。

如图所示：

013. 通往数学的捷径

如图所示：

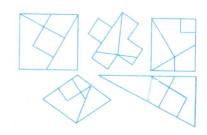

014. 毕达哥拉斯太太的趣题

如果我们想要把大小不同的两个正方形拼成一个更大的正方形，大正方形的边长应该是以刚才两个正方形边长为直角三角形边长而得到的斜边长。所以我们只需要将它们放在一起，从较小正方形的B点通过大正方形画一条直线连接到较大正方形的B点，如题中大图所示。这一条线段就是三角形的斜边，也就是即将得到的正方形的边长（如题中大图所示）。之后，按照实线把剪下来的部分任意拼接到空白处就可以凑成一个更大的正方形。

015. 马车问题

外侧轮子留下印迹的圆周长约为62.8英尺。

由于外轮转两圈内轮才转一圈，所以外轮圆周长也应该是内轮圆周长的2倍。所以，外轮与内轮之间的5英尺就应该等于外圆半径的1/2，因此，外圆的直径是20英尺，它的周长为20π，约为62.8英尺。

016. 古老的灯塔

在解答这道题目时，数学家和

数学趣题爱好者会遇到两个陷阱。下面让我们看看这两个陷阱分别在哪里。

(1) 中柱的周长是75英尺。

我们可以很容易地证明：扶手的长度相当于直角三角形的毕达哥拉斯斜边。拿出一张三角形纸片，把它围在一支铅笔周围，BC为直角边，AC为斜边，如下图所示。

在这道题目中，梯子长为300英尺，圆柱的直径为23英尺10.5英寸，再乘以3.14，可以得出周长为75英尺。栏杆和三角形斜边相等这是第一个陷阱。

(2) 共有301阶楼梯。

一些数学家和趣题爱好者忘记了底部和斜边的小柱子数目相等。如果你从A点直接到C点，经过底边或是斜边都是35根间隔1英尺的小柱子。因此，到塔顶有300+1根小柱子，这就是第二个陷阱，很多人会忽略这一点。

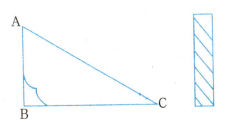

017. 拼正方形问题之三

如图所示：

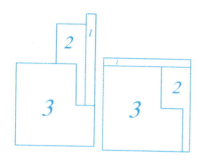

018. 月牙问题

最多可以将月牙分成15份。

方法如图所示：

019. 探月气球问题

这团钢丝的长度为92160000英寸。

解这道题目的关键是：同样高度的圆柱体和球体的体积之比为3∶2。

因此，图中直径为24英寸的A球体的体积是B圆柱体的2/3。换句话说，如果B圆柱体的高度降到2/3，构成一个16英寸的小圆柱体，那么球的体积和小圆柱体的体积相等。因此，题目就转化成计算高度为16英寸的圆柱体中线的长度。由于24英寸是线的直径的2400倍，所以小圆柱体内包含了2400×2400=5760000条线。又知道每条线的长度为16英寸，那么这团钢丝的长度就为92160000英寸。

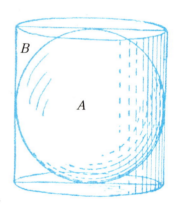

020. 红十字护士小姐的问题

方法如图所示：

按照图1剪开红十字，按照图2的方法拼出第2个红十字。

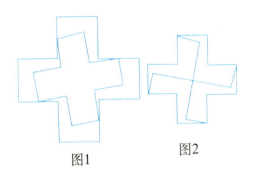

图1   图2

021. 说出有多少个立方体

要建成广场和它上面的纪念碑一共需要1458块立方体。

我们可以把这个问题看作是"求一个数，它的立方数和平方数相等"。假设纪念碑是由16个立方体构成，方式为4×4×4，那么地面就是8×8的构成方式，也是16个立方体。而修建纪念碑和广场不可能按照这样的比例进行。所以，纪念碑由9×9×9的方式构成，地面为27×27的方式构成则可以满足要求，而且这一答案也满足立方体的数目在1000之内。

022. 石磨的问题

石磨交给另外一个人时的直径为15厘米。

我们可以先算出直径为22厘米的石磨的大致面积，然后再减去中间小孔的面积，这样就可以算出石磨面积的 $\frac{1}{2}$ 是多少。这个面积也就是石磨交

给另外一个人时的面积，因此我们就可以算出石磨的直径。

023. 轿子问题

至少需要把轿子剪成2部分。

方法如图所示：

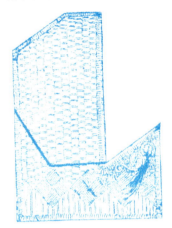

024. 马蹄铁问题

如图所示：

首先沿AB线将马蹄铁截成两块。然后把这两块重叠放在一起，沿着CD和EF线切下另一刀，将马蹄铁分成七块，这样每块都只有一个钉眼。

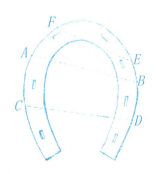

025. 狗头姜饼问题

如图所示：

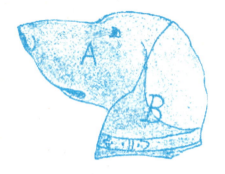

026. 红十字志愿军

这道题其实就是让我们用一个正方形做出两个大小相同的十字架。

如图所示：

按左图剪裁，得到中间的十字架A；再将其余的四块按照右图拼起来得到另外一个十字架。

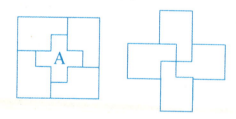

027. 锯木板的新方法

（1）按照图2的方法把两个大小相同的椭圆形板子各分成四块，再按照图1的方法拼成，就可以拼成一个像桌面似的圆形。

（2）第二个问题，可以根据我们从太极图中得到的灵感，按照图3的方法分割，再按照图4的方法拼合，这里要把板子分成六块而不是八块。

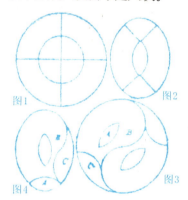

028. 小木匠

小木匠至少需要把桌面锯成三块，才能为狗舍做一扇门。

方法如图所示：

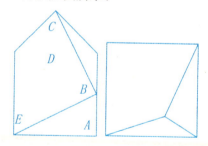

029. 布线问题

这根电线的长度至少要41.78英尺。

我们可以把这个大厅看作一个纸板箱，然后把它摊开放到一个平面上。那么最短的电线就是一个直角三角形的斜边，它的两条直角边分别为39英尺和15英尺。由此我们可以算出这条线路的长度。

030. 小丑的表演

如图所示：

我们可以把其中一个直角三角形从中剪开，颠倒之后拼成一个小正方形放在中间，然后将剩余的四个直角三角形放在四周，这样就拼成了一个大正方形。

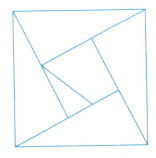

031. 星条旗问题

图中所示的是拼接好了的国旗，有13条条纹，如果要想恢复原状，只要按图示向左下方错位拼接即可。

032. 鹅变蛋

我们可以按照下图所示的方法，将鹅形的纸片剪成三个部分，然后拼成一个鹅蛋。

033. 枷锁问题

按照图2所示的方式切割，然后按照图1所示的方式错位拼接即可。

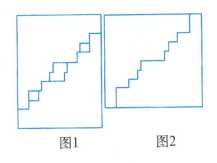

图1　　　　图2

034. 玛莎的葡萄园

按照每两株葡萄间隔9英尺的要求，最多能栽种41株葡萄。

如图所示，将葡萄栽种成斜线，底线位置可以栽种5株，最多可以栽

种41株。如果在底线栽种6株，间隔7.77英尺再栽种一排5株的，然后间隔7.77英尺再栽种一排6株的，按此方法一共可以栽种39株。而常规方式最多只能栽种36株葡萄。

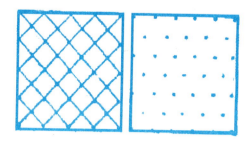

035. 优等生的问题

我们选择移动最左边的圆圈，首先将最右边上面2个圆圈连起来，再将下面2个圆圈连起来，这2条连线的交点就是最左边圆圈所要移到的地方。

如图所示：

036. 开运金马掌

金马掌上单词的更替顺序是：PANTS（裤子）—PINTS（品脱）—PINKS（粉色）—MINKS（貂皮）—LINKS（项链）—SINKS（水槽）—SILKS（丝绸）—SILLS（窗台）—PILLS（药片）—WILLS（遗嘱）—WALLS（墙）—PALLS（墓葬）—PAILS（木桶）—SAILS（帆船）—NAILS（钉子），如果老亚伯（指林肯总统）也曾经在这里干过，他一定是经营RAILS（横杆）的！

037. 自行车旅行

从费城开始，夏季旅行的路线是这样的：

费城—15—22—18—14—3—8—4—10—19—16—11—5—9—2—7—13—17—21—20—6—12—伊利。

038. 哈克莱彗星的轨迹问题

彗星移动的轨迹如图所示：

039. 军事战术

军队行进的路线如图所示：

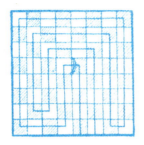

040. 野猪逃跑的路线问题

野猪要逃脱至少需要转14个弯，路线如图所示：

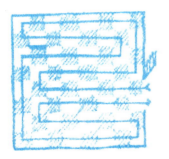

041. 猴子爬窗问题

猴子爬窗讨钱的线路如下：10—11—12—8—4—3—7—6—2—1—5—9。这条路线能够使猴子最快回到主人的肩膀上。

042. 邻居修路问题

三条路的修法如图所示：

043. 日本水雷阵

如果军舰在航行中只能转弯一次的话，出发点和转弯点之间的连线和转弯点与终点之间的连线应该构成一个夹角。只要这两连线不接触水雷就可以。

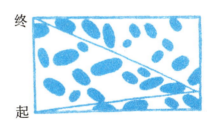

044. 找名字之二

找到的男孩名字有：

HANNAH—ETTA—TESSE
AMOS—MOSES—JAMES—JOSH
SAM—MOSE—OTTO—FRANK
HANKS—HARRY—THOMAS
HOPE—JOSEPH—JESSE—SETH
HART—HENRY—MAT—NATE
NATHON—AESOP—EARNEST

NAAN—ANN—ANNE—EMMA
JOSE。

045. 巡警的路线问题

如图所示：

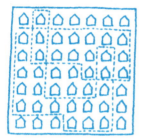

046. 舰队司令的难题

舰队至少需要转弯三次才能通过所有五个圆环，方法如图所示：

047. 趣题公园问题

（略）

048. 从克朗代克归来

最快的方式是沿着一条对角线来回行走。

步骤如下：往西南方向走到方格4；再往西南方向走到方格6；再往东北方向走到方格6，往东北方向走到方格2；取东北方向走到方格5；再从西南方向走到方格4；然后从西南方向走到方格4；再从西南方向走到方格4，最后，再向西北方向走就可以出迷宫。

049. 迪威枕套谜语

这句成语是：GOOD PEOPLE ALWAYS DIE YOUNG（意思为"好人命短"）。

050. 标记趣题

（略）

051. 读句子

读句子的方法有138384种。由于读出Murder的方法和读出Red Rum的方法是一致的，各有372种，而且最后都终止于中央的"&"。所以，句子的读法为372的平方，即138384种。

052. 过桥捷径

（1）一共有416种走法可以做到这一点。

（2）最短的路线是O—P，D—C，E—F，H—G，I—J，L—K，N—M和A—B。

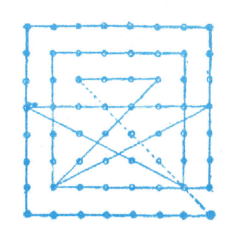

053. 爱丽丝漫游奇境记

趣题爱好者们，你们的答案是多少呢？是24的平方即576吗？许多人在解这道题的时候都犯了同样的错误。其实，到达中心即C点的不同路线准确地说有252种，而再回到边上的W的路线也是同样的数目，因此，正确的答案应该是252的平方，也就是63504条路线。

054. "戈尔迪"结

想要把剪刀从绳子上取下来，我们可以把绳圈的头顺着那双股绳子退出来。做法是这样的：首先穿过左环柄，然后穿过右环柄，再穿过左环柄，再穿过右环柄。现在把绳圈从小姐的脖子上拿下来，套过整把剪刀，剪刀就自由了。

055. 军舰行动

如果用15～18条直线可以组成很多种航线方案。那么只用了14条直线就能画出所需的航线，却不是一件易事，答案如图所示：

056. 火星上的运河

五万多名读者的回答，即"There is no possible way"正是题目的答案，这个句子构成了对火星的一次环球旅行！

057. 邮差的路线

邮差所走的最短路线是从B街与1路的交叉口开始，沿着1路向上走到C街，再沿着C街走到3路，然后再走回A街。然后返回2路，再走到C街，再走到4路，再走回A街，最后回到1路，向上到B街再穿过4路。

058. 小鸡变蛋

如图所示：

059. 玉米地里的乌鸦

如图1所示，这种安排乌鸦的方法可以保证相互之间视线畅通，并且巡逻的农夫不可能一枪打死2只以上的乌鸦。一些棋手还给出了图2标出的方法，他们试图证明这道题目和"王后"题目类似。不过我们发现这种方法会使巡逻的农夫一枪打死3只乌鸦。

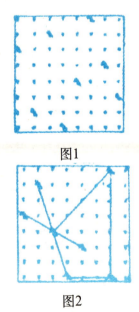

图1

图2

060. 马和牛起身的区别

马起身时通常是前腿先起来，而牛通常是后腿先起来。

061. 大象与小孩

结果如下图所示：

062. 手表指北针

当地时间12点为正确，不足12点或超过12点的时刻，时针距离12点的角度是实际距离正午角度的2倍。

063. 彼得陈的椒盐卷饼

如图所示：

064. 秃鹰湾的打野鸭子趣题

一共要改变两只野鸭的位置，才会出现5条有四只野鸭子在同一条线上的情况。

如图所示：

065. 摆杯子游戏

将2和3移到7和8的位置中间，2和3的空缺用5和6填上，5和6的空缺用8和2填上，最后8和2的空缺用1和5填上。这样空杯子和有酒的杯子就变成间隔排列的了。（见P51）

066. 学习的捷径

（1）　用一把小刀沿着直线切7刀，最多可以把一块德式薄饼分成29块。

（2）　利剑之所以要做成弯曲的形状，是为了能够适合剑鞘的形状。

（3）　如果边长为整数，则直角三角形的边长分别为47、1104、1105。

补充说明：对于一个直角三角形来说，如果某一直角边的边长为奇数，那么另外两条边的长度可以用以下方法求出：将已知直角边的数值平方，然后将这个平方数平均，取最接近这个平均数的两个整数，一个比另一个大1，就是另外一条直角边和斜边的边长。例如，上例中47的平方为2209，平均数为1104.5，则另一直角边的边长是1104，斜边的边长为1105；如果某一条直角边的边长为偶数，则需要将这条直角边平方之后除以4，所得的商数减1为另一条直角边的长度，商数加1为斜边的长度。例如，某一条直角边的边长为8，它的平方为64，64÷4=16，则这个直角三角形的另一条直角边的边长为15，斜边的边长为17。

067. 找星星

如图所示：

068. 瑞士国旗与正方形

将嘉丽小姐手中的剩料按照下图她右手所示的图形剪开，就可以拼成她左手拿的瑞士国旗的形状。

069. 小马谜题

如图所示：

070. 弄巧成拙的土地交换问题

这两个弄巧成拙的农夫将在每亩土地上损失4个南瓜。

由于我们不知道每根横杆的长度，所以无法算出每块南瓜田的面积是多少英亩。不过，即使我们不知道南瓜田的面积，也能解答这道题。我们以横杆的长度为单位可以算出两块南瓜田的面积之比是209：210，所以，两个农夫损失的土地是他们原有土地面积的1/210，这里假设南瓜是均匀生长的。我们已知每英亩土地上的南瓜数目是840个，那么他们损失的南瓜数目应该是840×1/210=4个南瓜。

071. 剪五角星问题

按照下图所示的步骤可以一剪刀把一个长方形剪成一个五角星。

拿一张长为5英寸，宽为3.5英寸的长方形纸，先按图1的方法对折，然后沿着中点A把B角向上折，C角向后折，折叠之后如图2所示。然后沿着C点到A点的直线折叠，使得D边与B边平行，如图3所示。再把E角沿着B点到A点的直线向后折叠，这样就折成图4的样子。现在，沿着从F点到

*G*点的直线剪下来，就剪成了图5所示的五角星。

的五角星。

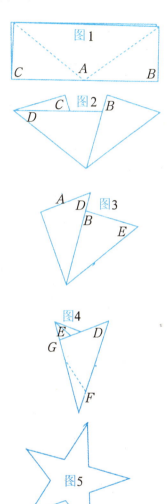

而小时候，我总是先剪一个圆形，然后按照图上所示折叠，再用剪刀剪一下就成了一个漂亮的五角星。

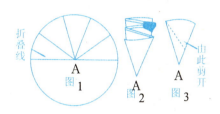

072. 姜饼问题

按照下图所示的方法分割姜饼，然后将右边的一片姜饼顺时针旋转90°即可与左边一片拼成一个正方形。

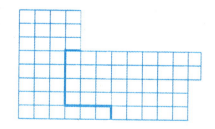

下面三个图所展示的是人们常用的方法，这种方法或多或少都需要靠猜。首先将一个正方形对折，然后从中折叠，使双边再重合，如图所示。然后将底下一层向后折叠如图中所示。沿虚线剪开，就会形成一个类似

073. 拼圆形问题

如图所示：

074. 正方形旗子问题

如图所示：

075. 分割棋盘

如图所示：

076. 白菜地划分问题

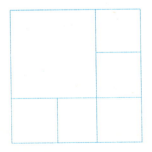

077. 拼正方形问题之四

如图所示：

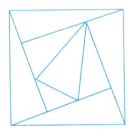

078. 零料利用问题

方法如图所示：

只要把三角形靠着正方形摆放，即可剪成5块而解决问题。

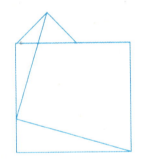

079. 拼图趣题

如图所示：

080. 边角料问题

如图所示：

081. 菱形变十字架

如图所示：

082. 找名字

趣题王国一共有17个孩子在上学，他们分别是：

JULE，LENA，DINAH，EDNA，MAND，JENNIE，MINNIE，ANNA，CARRY，MARY，NAN，NANCY，JANE，MAE，JUDY，HANNAH，EVA。

083. 邮递员的路线问题

彼得的新路线有两条，如图所示：

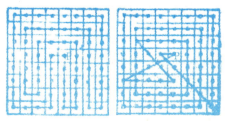

084. 伦敦塔问题

（1）图1表明了五名看守人的行进路线。

（2）图2则是伦敦塔看守人到达那个"黑屋"的走法，每个房间他都只经过一次，而且只需要转弯16次即可。

图1

图2

085. 蛇的问题

如图所示：

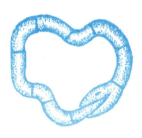

086. 用最少的步数互换黑白子

我们把黑白棋子用大小写字母来表示，空格用*号来表示。

每个棋子移动的先后顺序如下：Hhg Ffc CBHh GDFfehbag GABHEFfdg Hhbc CFf GHh

如图所示：

a	b	c		
d	e	f		
g	h	*	H	G
		F	E	D
		C	B	A

087. 如何将月牙形转换成希腊十字架形

可以将月牙形最少切成六部分，然后拼成十字架。

方法如图所示：

088. 古罗马的铁十字勋章

如图所示：

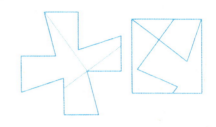

089. 国际象棋棋盘问题

我们可以通过下图所示的方法把国王砸在公爵头上的碎棋盘重新拼接在一起。

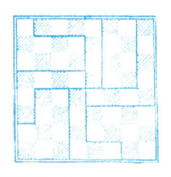

090. 头像拼接图问题

可以按照下图所示的方法分割后拼出两个小正方形。根据勾股定理，我们知道两个小正方形包含的头像数分别为9个和16个。

091. 杰克与肥皂箱

我们可以按照下面的方法将六边形剪开并拼凑成一个正方形。

首先沿虚线把纸盒剪成两部分（如图1所示）；然后，将两部分拼成一个正方形（如图2所示）。

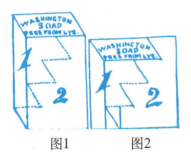

图1　　　　图2

092. 舰队问题

调整方法如图所示：

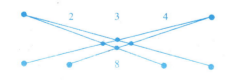

093. 戴德伍德速递公司

大箱子的边长是13.856英寸，

小箱子的边长是6.928英寸，正好是大箱子的1/2。将两个箱子放在一起测量它们的总长度是20.784英寸，即1.732英尺，按每英尺5美元的价格计算应该收费8.66美元。

两个箱子所能容纳的物体的体积略多于2992立方英寸，即1.732立方英尺，按每立方英尺5美元计算，收费也是8.66美元。

094. 收割者的问题

这块带状土地的宽度大约是191码。解题的方法是：求出矩形的两边之和，再减去其对角线之长，然后再除以4。

095. 波斯地毯

分割方法如下：

096. 所罗门王的印记之谜

所罗门王的印记一共包含31个正三角形。

097. 日本艺人切西瓜

如图所示：

098. 分割正方形问题

（1）将一个大正方形分成六个小正方形的最简便的方法是：将大正方形分成9个相等的小正方形，其中4个组成一个大正方形，那么加上剩余的5个小正方形，一共是6个小正方形。

（2）沿着树干从根部向上看，你就会发现总统的头像。

099. 修羊圈问题

用8根栏杆修建3个大小相等的羊圈的方法如图所示：

100. 将军的问题

（1）如图所示：

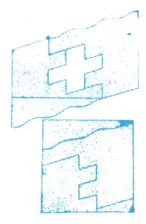

（2）棋盘最多能被分成18块，方法如下图所示：

101. 四棵橡树之争

如图所示：

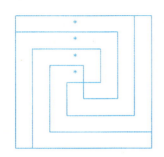

102. "普利穆索尔标记"问题

如图所示：

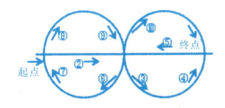

103. 正方形与希腊十字架问题

按照图1所示的方法剪开正方形，然后再按照图2所示的方法拼成一个希腊十字架。

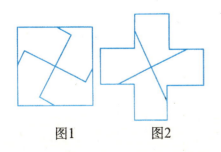

图1   图2

001. 跷跷板趣题

另一端要坐12个小女孩才能使跷跷板平衡。因为2个小男孩的重量正好等于3个小女孩的重量，所以8个小男孩的重量应该等于8÷2×3=12个小女孩。

002. 赛马场趣题

如果赛马"苹果派"的赔率是7∶3，换句话说，我们下注3美元就能赢得10美元，本金3美元，奖金7美元；以此类推，赛马"大黄蜂"的赔率是6∶5，我们出5美元下注就能赢回本金5美元及奖金6美元，总共11美元。因此赛马"黄瓜"的赔率是27∶83。

如果你还是没想明白，没关系。我们也可以这样理解：如果我们往"苹果派"下注33美元并且"苹果派"获胜，那么能拿回110美元；往"大黄蜂"押50美元而大黄蜂获胜，

可以赢得110美元；那么如果我们总共要下注110美元的话，此时本金就只剩下110−33−50＝27美元；而下注27美元能拿回110美元的话，赛马"黄瓜"的赔率必须是27：83才可以。这样，不管哪匹马赢得比赛，我们都能拿回110元的本金。

003. 除法趣题

将身上的数字是6的小孩倒立，数字就变成了9，931能够被7整除。

004. 天平的使用原理

假如天平左边有1个陀螺，右边应该放上9颗玻璃弹子或者9个立方体才能使天平保持平衡。也就是说，立方体的质量刚好和玻璃弹子相等!

我们可以先给第二个天平的两边都加上3个立方体，由于两边加上的东西一样重，所以天平依然能够保持平衡。各加上3个立方体之后，第一个天平左边的东西就和第二个天平左边的东西一样了。这样我们可以得到：4个立方体+8颗玻璃弹子=12颗玻璃弹子，由此得出玻璃弹子的重量和立方体的重量相同。

005. 投票问题

一共有147人参加了投票。

设投赞成票的人数为x，投反对票的人数为y。根据题意可以列出以下方程组：

$$\begin{cases} y-x=1 \\ x+11=(y-11)\times\dfrac{4}{3} \end{cases}$$

可以得出$x=73$，$y=74$。

006. 圣帕特里克游行方阵问题

假定游行人数不超过7000人，一共有5039人参加游行。

提示：当凯西在的时候，人数一定是2、3、4、5、7、8、9、10的公倍数。于是我们取它们的最小公倍数是2520，然后减去1得到凯西离开后的人数。不过，人数还要满足不能被11整除的条件。但是2519能够被11整除，所以我们取下一个公倍数也就是5040，再减去1得到5039，这个数不能被11整除，而更大的一个公倍数会超过限定的人数7000，所以，5039是唯一正确的答案。

007. 洗衣问题

老板该收查理39美分。因为，共有

12只袖套与18只硬领。每只硬领需要2美分，而每只袖套需要2.5美分。

008. 格兰特将军的"小屠夫"

"小屠夫"买进价格为264美元，卖出的价格为295.68美元，赚进12%；另外一匹马以220美元买进，以198美元卖出，亏了10%。两匹马买价总额为484美元，卖价总额为493.68美元，利润为2%。

009. 聪明的报童

小男孩让他们把所有的钱全放在一起，店主有一枚50美分和一枚25美分的硬币；女士有一张1美元、一张3美分和一张2美分的钞票；而小男孩有两张10美分、一张5美分、一张2美分和一张1美分的钞票。女士买完花之后，应拿走一枚50美分的硬币、两张10美分和一张1美分的钞票；店主应拿走一张1美元、一张5美分和两张2美分的钞票；男孩拿走25美分的硬币和3美分的钞票。

010. 一条大鱼

我们知道鱼身=鱼头+鱼尾，因此鱼尾=鱼身-鱼头；从题目中我们已经知道鱼尾=1/2鱼身+鱼头，因此，鱼身

=4鱼头，也就是4×9=36英尺，那么鱼尾应该等于36-9=27英尺，整个鱼的长度是9+36+27=72英尺。好大的一条鱼啊，真不知道是怎么钓上来的。

011. 赌马问题

吉姆和杰克两人起初都有25美元，吉姆以15：1的赔率押下赌注15美元，赢得了225美元；杰克以10：1的赔率押下赌注10美元，赢得了100美元，使其赌本增至125美元，正好是吉姆的1/2。

012. 被抹去的数字之一

```
749 ）638897（ 853
     5992
     ─────
      3969
      3745
      ─────
       2247
       2247
```

013. 数硬币问题

游戏开始时，克劳斯有一枚2.5美元的金币和一枚2美分的硬币；卡尔有一枚10美分的硬币和一枚3美分的硬币；辛德里克有一枚25美分的硬币和一枚10美分的硬币。在结束时，

克劳斯赢了8美分，他有一枚2.5美元的金币和一枚10美分的硬币；卡尔赢了22美分，他有一枚25美分的硬币和一枚10美分硬币；辛德里克有一枚3美分的硬币和一枚2美分的硬币，他输掉了30美分。

014. 荷兰夫妇问题

格特玲是克勒里斯的夫人，她以1先令的单价买了1只小猪，她的丈夫克勒里斯以8先令的单价买了8只小猪；卡特伦是克拉斯的夫人，她以9先令的单价买了9只小猪，她的丈夫克拉斯以12先令的单价买了12只小猪；安娜是亨德里克的夫人，她以31先令的单价买了31只小猪，她的丈夫亨德里克以32先令的单价买了32只小猪。

015. 被抹去的数字之二

被抹去的数字是8。因为0～9这10个数字的和是45，是9的倍数。因此，结果各个数字之和必然也是9的倍数，图上几个数字之和为10，因此，答案便一目了然了。

016. 历史书问题

分数值分别为1/3、1/4、1/5、

1/6、1/7、1/8、1/9的摆放方法分别为：5832/17496、4392/17568、2769/13845、2943/17658、2394/16758、3187/25496、6381/57429。当然，其中的一些数字也可以有一些变化，不过，同样可以得到答案。

017. 酒瓶问题

我们从图中只能看到2个盗贼，如果是福尔摩斯，那他一定能看出这帮盗贼有3个人。因为图中有24个瓶子和21品脱的酒，这个团伙的人数只能是3个才可以平分香槟和空瓶。具体的分法如下：一个盗贼先拿3个1夸脱的满瓶、1个1夸脱的空瓶、1个1品脱的满瓶和3个1品脱的空瓶。剩下的两人各拿2个1夸脱的满瓶和2个1夸脱空瓶，再拿3个1品脱的满瓶和1个1品脱的空瓶。

018. 骰子概率问题

输赢概率为125：108。

在选择一个数字之后，掷出所有的可能，你将会赢81次，输125次。因为有15次你可能额外赢得1美元，另外在3个骰子点数一样时，你能够额外赢得2美元，所以正确答案就是：你会输125次赢108次。而赢得108次是所有216种可能的1/2，这可能使得有人误以为输赢的概率是相等的。如果你用所有6个数字掷出了3个不同的数字，这个说法就自然站不住脚了。但是如果同一个数字出现了3个，你押6元的时候只能拿回4元。

019. 报童问题

琼斯家3个孩子卖的报纸比史密斯家2个孩子卖的多220份。报纸的总份数是1020份。

020. 一分钱

丝线的价格是5分钱，毛线的价格是4分钱。

021. 趣味数字

99+9/9=100

022. 不能说谎

最早时烟盒里放有8支香烟。

023. 糖果问题

他们买了3颗奶糖，15颗巧克力糖和2颗口香糖。

024. 白酒代售问题

汉普郡今年从白酒中获利83.19美元。

代理商首先获得了12美元和59.5美元的白酒，又购买283.5美元的白酒后，代理商一共拥有343美元的白酒。代理商将白酒在进价的基础上提高了10%进行销售，这样总价就提到了377.30美元。他一年总销售额为285.8美元，所以，还剩下91.5美元的白酒（如P102图所示）。这些酒的批发价应该是83.18美元，所以，他获得了25.98美元的利润，再加上之前的12美元和59.5美元，一共有97.48美元。不要忘记，还要从中扣除总销售额的5%的代理费，即14.29美元，这样，我们就可以算出汉普郡从代理商这一年销售中的获利了。

025. 中国铜钱问题

要买到图中价值为11的小胖狗需要8枚银币，7枚有圆圈的和1枚有方孔的。8枚银币的总价值为11。

026. 分栗子问题

最年长的苏茜分到308颗，年纪

次之的玛丽分到264颗，最小的尼莉分到198颗。

从题中我们可以得出，尼莉、玛丽和苏茜的年龄之比应为9：12：14。又知道一共有770颗栗子，那么答案就一目了然了。

027. 金字塔趣题

金字塔有201步台阶。

从题中我们知道如果狮子一次能爬7步台阶，导游一次6步，游客一次能爬5步，而它们的最小公倍数为$7×6×5=210$。所以，如果金字塔有210步台阶，那么他们都能正好到达塔顶。根据图上游客、导游和狮子所处的位置，我们可以得出只有金字塔有201步台阶的时候才会形成图上的情况。

028. 白菜地问题

维格斯太太去年的白菜地纵向和横向各有105棵，共有$105×105=11025$棵白菜。今年增加了211棵白菜，纵横各有106棵，共有$106×106=11236$棵。

029. 马戏团

我们首先假设马只有两只脚，那么我们可以算出36个头应该对应72只脚。可是题目告诉我们有100只脚，这样就多出了28只脚，因此，我们得出马匹的数量一定是14匹，那么剩下的22人便是男女骑师和小丑。根据马戏团里一共有156只脚和56个头可以知道，动物园里还有56只脚和20个头。我们从图中可以数得出10只野兽和7只鸟类，它们共有17个头和54只脚。

如此一来，还剩下3个头和2只脚无法解释。这是怎么回事呢？还记得图中左边的笼子吗？在那个吸引了众多观众的笼子里，一定有3个头和2只脚，所以其中一个必定是人，那么其他两个没有脚的东西便是两条蛇啦。

030. 分牲口

牧场主共有56头奶牛，7个儿子。

大儿子约翰分得2头奶牛，他的妻子分得6头；二儿子萨姆分得3头奶牛，他老婆分得5头；三儿子和他的妻子各分得4头奶牛。以此类推，直到最后第七个儿子分得了8头奶牛，但他的老婆却已经无牛可分。这样分完的结果是每个家庭都分到8头牛。此外，7个儿子每家可以再分得1匹马。最后，每个家庭都分到了价值相等的牲口。

031. 马尼拉小生意

店主一共损失了5.03元。

需要注意的一点是：邻居要他把假金币换成真的跟他做生意是赚是赔无关。我们知道店主一共量了20英尺长的绳子，他量的前18英尺绳子是每码短3英寸，即一共短18英寸（1.5英尺），这段绳子实际是18−1.5=16.5英尺。最后的2英尺没有短缺，因为码尺只是末端短缺，而2英尺还不足1码（16.5+2=18.5）。这样店主卖给水手的绳子实际长度是100−18.5=81.5英尺，我们又知道绳子确实值每英尺2分钱，那么店主卖给水手的绳子实际上值1.63元。但是水手付钱是用假的5元金币按照每英尺2分钱付给他80英尺的钱也就是1.6元，店主找给水手3.4元，加上绳子白给了水手（损失1.63元），店主一共损失了5.03元。

032. 鸡蛋的价格

一开始，圣布里奇特用12美分买

了16只鸡蛋，每打的价格是9美分。添了2只鸡蛋后，圣布里奇特就用12美分买了18只鸡蛋，这时每打的单价是8美分，正好比之前的单价便宜了1美分。

033. 晾衣绳问题

这两部分绳子的长度分别是 $58\frac{1}{3}$ 英尺和 $41\frac{2}{3}$ 英尺。很显然，前者是哈更太太的，长度为 $41\frac{2}{3}$ 英尺的绳子是属于奥尼尔太太的。

034. 古怪的遗嘱

汉克·史密斯拿到16129美元，他老婆伊莉莎分得12769美元，他们的女儿苏珊得到9409美元；比尔·琼斯拿到8836美元，他老婆玛丽拿到5476美元，他们的儿子内德得到2116美元；杰克·布朗得到6724美元，他老婆萨拉分到3364美元，他们的儿子汤姆是这个家庭中的不肖子孙，只拿到了4美元。

035. 台球问题

在200分一局中的比赛中A让C72分；在100分一局的比赛中A让C36分。

036. 邮件管理员的问题

她用1美元买了5张2美分面值的邮票，50张1美分面值的邮票和8张5美分面值的邮票。

037. 磨坊主的使用费问题

磨坊主一共磨了10/9蒲式耳谷物。

如果磨坊主收取1/10作为使用费，那么顾客最后所得就是原有所有谷物的9/10，那么1蒲式耳是多少谷物的9/10？很明显是10/9蒲式耳。这样一来，磨坊主收取1/9作为使用费，而留给顾客9/9也就是1蒲式耳。

038. 挖沟问题

如果两人想得到同样的报酬，他们各自的工作量分别是 $55\frac{5}{9}$ 码和 $45\frac{45}{99}$ 码。

其中一人修了 $55\frac{5}{9}$ 码，他的报酬是90美分/码，因此获得50美元报酬；如图所示，另外一人从C点开始挖沟，而C点到公路的距离为 $44\frac{5}{9}$ 码，他的报酬是1.1美元/码，所以正如这位数学家所说的"他们不可能平

分报酬"。不过，如果剩下的这段公路比C点低，从而使斜边BC的长度增加到 $45\frac{45}{99}$ 码，那么，他也是可以得到50美元的报酬的。

039. 购物问题

如果是在周六促销的时候，她用同样多的钱可以买13个杯子。胡特太太在促销时买了10个盘子，每个盘子的价格是13美分，之后又在星期一退掉促销时买的盘子，换成了18个3美分一个的碟子和8个12美分一个的杯子，总价为1.5美元。如果是在周六促销的时候，杯子的单价为10美分，每个比原来便宜2美分，因此她的1.3美元能买13个杯子。

040. 算盘趣题

剩下的7只动物中有5只零售价为11只角子的小狗和2只零售价为2.2只角子的老鼠。它们一共值13.2只角子。

041. 哥伦布问题

80.5（5为循环小数，即55/99）

.46（46为循环节，即46/99）

.97（97为循环节，即97/99）

上面三个数字之和等于82。

042. 卖马问题

我在这笔生意中损失了28$\frac{2}{3}$美元。

题目告诉我们，损失的钱等于原价的1/2加上饲养开支的1/4，那么60美元等于原价的1/2加上饲养开支的3/4。所以饲养开支就是188/3美元，损失的钱等于原价的1/2加上饲养开支的1/4，即为28$\frac{2}{3}$美元。

043. 配电盘问题

从B点到A点至少需要234英寸的铜线。线路如图所示：

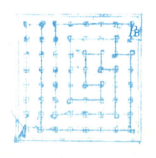

044. 鸡蛋问题

最高可以堆放192层，一共1216865个鸡蛋。

045. 守财奴的金币

守财奴在最后饿死的时候每种金币至少拥有60枚，共计2100美元。

046. 火腿问题

农夫的这车火腿一共卖了70美元，他所带的火腿数量是55根。

第一位顾客买了整车火腿的1/2加半根，我们按28根火腿计算，价值35美元；第二位顾客买了所剩火腿的1/2加半根（14根），然后，他去另外一个地方，农夫又卖出所剩火腿的1/2加半根（7根）。这时，农夫只剩下6根火腿并且卖了61.25美元。后来，老板娘又买了3.5根火腿，由于半根按整根的价格计算，所以她付了5美元。然后，老板又买了1.5根火腿，价值2.5美元；老板的朋友买下了剩下的1根，价值1.25美元；最终，农夫卖完了火腿，获得70美元。

047. 合伙钓鱼

A钓到8条鱼，B钓到6条鱼，C钓到14条鱼，D钓到4条鱼，E钓到8条鱼。

从题目中我们发现，钓到鱼的数量似乎可以是33～43条之间的任一数字，因为A可能钓到0～11条鱼，以此推算其他人钓到的鱼。不过，因为五人最后分到一样多的鱼，所以总数必然是35或40。然后我们从题中可以发现后者可以满足所有的条件。于是可以得到他们各自钓到多少鱼，当任意三人把他们钓到的鱼合在一起后又平分，每人总是可以分到8条鱼。

048. 打扑克

为了拿回各自的本钱，哈里应该退给吉米12元钱。

哈利在最开始的时候有30元钱，吉米有48元钱。几个回合后，哈里的钱翻一番，变成60元，这样吉米就只剩下18元。吉米将剩下的18元钱全部压在了最后一局上并且赢了这一局，这样吉米手里有36元，而哈里有42元。

049. 香蕉问题

奥尼尔太太一共花了336先令买了96串香蕉，其中48串红香蕉，48串黄香蕉。但如果把买香蕉的钱平均分配，也就是168先令，分别购买两种香蕉的话，那么她可以买到98串，其中42串红的，56串黄的。

050. 养鸡计划

要达到预期目的，克劳德必须在第一年春天买入12只小鸡，其中2只公鸡，10只母鸡。

到了秋天，他可以得到10窝小鸡，每窝12只，公鸡和母鸡的数量相同。现在，克劳德共有70只母鸡和62只公鸡，为了保持母鸡和公鸡的比例不变，必须卖出48只小公鸡。这样到了第二年春天，70只母鸡可以孵出70窝小鸡，他将因此得到420只母鸡，而且还会有336只公鸡可供出售。这时的克劳德已经拥有了490只母鸡和998只公鸡。到了第三年春天，490只母鸡能孵出490窝小鸡，也就是5880只小鸡，加上现有的490只母鸡和98只公鸡，他们就能拥有6468只小鸡了。

051. 难分胜负

三个人比赛的成绩如下：

50+	10+	2+	5+	3+	1	=	71
25+	20+	3+	20+	2+	1	=	71
25+	20+	10+	5+	1+	10	=	71

052. 董事会议问题

根据题目，我们可以算出普通股的价值是600美元。

053. 弹子游戏

游戏开始时，每个孩子手里各有100颗弹子。

054. 有多少只小鸡

琼斯和玛利亚一共有300只小鸡，饲料还能维持60天。如此一来，可供消耗的鸡饲料份数为18000份。如果按照琼斯的想法卖掉75只小鸡，那么就剩下225只小鸡，它们靠18000份饲料能够维持80天，比原来多了20天；如果按照玛利亚的想法再买100只小鸡，那400只小鸡靠18000份鸡饲料只够维持45天，比原来少了15天。

055. 混合茶问题

混合茶的价格是每千克6个角子，获得1/3的利润，说明它的成本价是每千克4个角子。两种原料茶的价格分别是每千克5个角子和每千克3个角子，这样简单一看就知道两者是1：1混合的。所以两种原料茶的重量都是20千克。

056. 买酒问题

酒的成本价为796法郎。商人加价5%以后售价是837.9法郎，相当于商人在原价的基础上打了5%的折扣。但是为了得到各自5%的利润，他们把订单的总价提高到931法郎，商人打了5%的折扣并且付出5%的佣金后，最后实际收取837.9法郎，并不影响自己的利益。

057. 小鸡换牲口问题

题中告诉我们，85只小鸡可以交换1匹马和1头奶牛，5匹马的价格等于12头奶牛的价格，这样，我们可以得出1头奶牛相当于25只小鸡，而1匹马的价值与60只小鸡的价值相等。他们

选中了5匹马和7头奶牛，价值是475只小鸡。按照约翰的说法，如果将选中的奶牛加倍，他们的小鸡正好够交换这些牲口，由此我们可以算出他们有7×25+475=650只小鸡。

058. 吉卜赛女郎问题

她在这三周里一共赚了3.25美元，上上周为2.25美元，上周是0.75美元，而这一周赚了0.25美元。

059. 粮食问题

史密斯应该收取533.3蒲式耳小麦作为租金。

由于琼斯能够得到价值50美元的大麦，按照约定，史密斯就可以得到约33.33美元的大麦，折算成小麦应该约为533.3蒲式耳。

060. 对长颈鹿的赔率是多少

第一个问题的答案：对长颈鹿的赔率是4赔11。

解这道题，我们可以把赔率变成概率值，这样河马跑第一的概率是1/3，犀牛跑第一的概率是2/5。因为它们三者获胜的概率相加一定是1，那么长颈鹿跑第一的概率就一定是

4/15，也就是对它的赔率。

第二个问题的答案：长颈鹿能超过河马23/64英里的距离。

假设长颈鹿1小时能跑2英里，那么犀牛在同样时间里能跑$1\frac{7}{8}$英里，或者说2英里用16/15小时。而当犀牛跑这2英里的同时，河马能跑$1\frac{3}{4}$英里，或者说它1小时跑105/64英里。我们可以将2英里换算成128/64英里，那样只要从中减去105/64就能得到答案。

061. 拔河趣题

当两个瘦姑娘和三个胖姑娘对一个胖姑娘和四个壮小伙时，两个瘦姑娘和三个胖姑娘会赢得比赛。

我们可以通过下面的方式找出答案：我们知道四个壮小伙正好和五个胖姑娘的力量平衡。两个瘦姑娘与一个壮小伙加上两个胖姑娘势均力敌，因此我们就可以把两个瘦姑娘换成一个壮小伙和两个胖姑娘。

通过变换，两个瘦姑娘和三个胖姑娘对四个壮小伙就变成了五个胖姑娘和一个壮小伙对一个胖姑娘和四个壮小伙。然后从一边去掉五个胖姑娘，另一边去掉四个壮小伙，这样就

变成了一个胖姑娘来对付一个壮小伙。由此得出：两个瘦姑娘和三个胖姑娘会获得胜利，因为他们比对方多出一个小伙子力量的1/5。

062. 股份分配问题

　　布朗分得2000美元而琼斯收下了余下的500美元，因为布朗投资了4500美元，琼斯投资了3000美元。

063. 分硬币问题

　　妇人给最大的孩子1枚50分的硬币，给第二个孩子2枚2分的硬币，给最后一个孩子1枚2分硬币和2枚1分硬币。

064. 分苹果问题

　　安是琼斯的妹妹，两人有4个苹果；玛丽是鲁滨孙的妹妹，两人共有10个苹果；简是史密斯的妹妹，两人共有6个苹果，凯特是布朗的妹妹，两人共有12个苹果。

065. 投资问题

　　小树林与小溪的价格是833.3333美元。史密斯有2500美元，妻子有3333.3333美元。

066. 进城购物

　　鲁本大叔和辛西娅婶婶一共花了29元。鲁本大叔的帽子是6.5元。

　　我们设鲁本大叔买帽子花了 x 元，买衣服花了 y 元，则辛西娅婶婶买裙子的价格是（$x-1$）元，帽子的价格也是 y 元。两人一共花了（$x+y+x-1+y$）元。因为我们知道 $x+y=15$，所以他们两人一共花了29元。其中鲁本大叔买帽子花了6.5元，买衣服花了8.5元，而辛西娅婶婶买裙子花了5.5元，买帽子花了8.5元。

067. 一分硬币问题

　　男子将1枚3美元的金币放入自己的口袋，三个小男孩每个人得到1枚25美分和1枚5美分的硬币。

068. 年金问题

　　琼斯为女儿们设置的年金为35美元。

　　第一年，年龄为10岁大女儿菲比得到了17.5美元，8岁的玛塔得到14美元，而2岁的玛丽安只得到3.5美元。第六年，三个人分别得到15美元、13美元和7美元的年金，她们的

年龄分别是15岁、13岁和7岁。

069. 草地网球问题

运动员在这项比赛中获得冠军的概率是1：31。

070. 帕特买房

实际房价为5329.4768美元。

第一年的利息是贷款总额的5%，第二年的利息是扣除第一年归还的本金之后的贷款余额的5%，依次递减。

071. 小贩的生意

老太太买了16块手帕、2副鞋带和8个针线包。

072. 古老的东方游戏

这个游戏获胜的概率为42：216。三个骰子点数的变化方式有216种，其中点数之和为7和11的情况有42种。

073. 奶牛生意问题

两头奶牛的进价分别是150美元和50美元，一共210美元。

074. 海蛇群

海蛇一共有6条，其中3条海蛇的眼睛是全瞎的，剩余的3条海蛇双眼是正常的。

075. 打靶问题

他们打出的成绩分别是两个25环，两个20环和两个3环。

076. 算术问题

如果5乘以6得33，那么20的1/2就应该是5乘以6的1/3，也就是11。

077. 连锁链问题

农夫最多可以节省20分钱。

我们首先将其中一条锁链全部拆开用来连接其余的锁链，这样农夫需要花8×5+18×5＝130美分，而同样一条链子的售价是150美分，所以他最多可以省下150−130＝20美分。

078. 复杂的输赢问题

我原来有260美元的本钱，男爵的本钱是80美元，伯爵的本钱是140美元。

这道题用倒推法可以很容易推

导出来。第一局之后，我只剩下40美元，男爵和伯爵的钱分别变成了160美元和280美元；第二局之后，我有80美元，男爵有320美元，而伯爵却只有80美元；第三局之后，我们三人都有160美元。我是唯一的输家，三局共输了100美元。

079. 数字14～15问题

（1）从图1开始移动数字，要实现图2所示的结果需要44步，移动的顺序为：14、11、12、8、7、8、10、12、8、7、4、3、6、4、7、14、11、15、13、9、12、8、4、10、8、4、14、11、15、13、9、12、4、8、5、4、8、9、13、14、10、6、2和1。

我们还有一个更简单的方法，只需移动39步即可，移动顺序为：14、15、10、6、7、11、15、10、13、9、5、1、2、3、4、8、12、15、10、13、9、5、1、2、3、4、8、12、15、14、13、9、5、1、2、3、4、8和12。

（2）要想使方格中的数字在10个方向相加都等于30，可以按下面的顺序移动：12、8、4、3、2、6、10、9、13、15、14、12、8、4、7、10、9、

14、12、8、4、7、10、9、6、2、3、10、9、6、5、1、2、3、6、5、3、2、1、13、14、3、2、1、13、14、3、12、15和3。

在移动数字方块时唯一的技巧是上下颠倒，使6变成9，反之亦然。

080. 在趣题王国里做生意

老瓜农的这批甜瓜总共卖了59美元。他原有719只甜瓜，按照1美元1打的价格卖出了576只，得到48美元。剩下的143只甜瓜则按照1美元13个的价格卖出，得到11美元。

081. 买苹果

凯蒂有7分钱，哈里有5分钱。

082. 你能砸中50点整吗

砸倒身上标有6、19和25三个数字的小人偶就能得到50分，赢得一支金边马吉克莱雪茄。

083. 有名的十字面包

这家一共有3个儿子和3个女儿。每人买1个1分钱2个的面包和2个1分钱3个的面包。

084. 小麦债务

要满足这位印度人的需求，一共需要18446744073709551615粒小麦。

这是一道简单的乘法题目，能连续正确做63次连乘2的乘法的人都能解答。

085. 慈善问题

贵妇人的口袋里原来有42分钱。我们可以用倒推法得出答案。

086. 修房问题

如果要修好这间房子，我需要向工人各支付以下的工钱：

裱褙工人200美元；

油漆工人900美元；

水管工800美元；

电工300美元；

木工3000美元；

泥瓦匠2300美元。

087. 野餐难题

参加野餐会的一共有900人。

早上出发时有100辆马车，每辆马车上载有9人；有10辆车发生故障后，每辆马车上都比之前多1个人，变成每辆载10个人；当返回时又坏了15辆马车后，每辆车就必须坐12个人了，比早上出发时多了3个。

088. 牲口贩子问题

三人一共有牲口39头，杜克有21头，分别是20只羊和1匹马。汉克有11头，分别是10头猪和1匹马。吉姆有7头，分别是3匹马和4头牛。

089. 旋转木马问题

现在旋转木马上一共坐了13个孩子。

此题需要注意的一点是：因为旋转木马是圆形的，所以萨米前面的孩子同时也可以说成是在他的后面。因此，我们设除了萨米之外孩子的总数是x，则$\frac{1}{3}x+\frac{3}{4}x=x+1$，解方程得出$x$等于12，即除了萨米之外旋转木马上的孩子是12个。

090. 啤酒问题

"红冠"一方喝了216杯酒。

双方共有18人，因为双方的人数不超过两打。"红冠"一方有12人，共喝了216杯酒；"绿冠"一方有6人，共喝了108杯酒，一共324杯酒。

091. 骰子游戏

从科学的角度讲，首先叫2点或者4点是最佳的选择。

092. 射箭比赛

女孩一共射6箭就可以得到100环的好成绩，得分情况是17+17+17+17+16+16=100分。

093. 生意的秘诀

西服原来的售价为13.75美元。

我们设西服原来的进价是x，则加了10%的利润之后的售价是$1.1x$。进价压低10%之后为$0.9x$，再加20%利润就变为$1.08x$，两者之间相差0.25美元，即$1.1x-1.08x=0.25$，解得$x=12.5$美元，由此我们就可以算出西服原来的售价。

094. 钥匙链问题

聪明的丈夫把钥匙分成了78、345和26910三个部分。因为78和345的乘积正好是26910。

095. 救济款问题

被救济的一共有20个人，每人应得到6美元，每周向他们分发的救济款共计120美元。如果多来4个人，每人只能得到5美元。如果少来5个人的话，每人就能得到8美元。

提示：假设上周每个人所得到的救济款为x元，人数为y个，那么救济款的总数为xy元，这是不变的。根据题目人数减5个，每人所得的救济款就会增加2美元，则救济款的总数为$xy=(y-5)\times(x+2)$，同理可得，$xy=(y+4)\times(x-1)$，解方程组可得$x=6$、$y=20$，所以救济款为120美元。

096. 双胞胎分财产问题

在财产分割的问题上，孩子们和母亲所分得的财产比例是始终不变的。由于给母亲的钱是给女儿的2倍，而儿子的所得又是母亲的2倍，即1份分给女儿，2份分给母亲，4份分给儿子。所以只要把财产分成7份就可以轻易地完成分配。

097. 油和醋

油的价格是50美分/加仑，醋的价格是25美分/加仑。商人先卖出了体积为13加仑和15加仑的两桶油（价值14美元）。然后又卖出了体积为8

加仑、17加仑和31加仑的三桶醋（价值14美元）。剩下的是体积19加仑的桶，如果是油，则价值9.50美元，如果是醋，则价值4.75美元。

098. 法兰克福香肠

需要注意的一点是：如果吉米为了自己的那一份香肠需要支付11分钱，那么另外两人也要支付同样的钱，所以11根香肠的总价为33分钱，即每根香肠3分钱。哈里有4根香肠，值12分钱，他该得到1分钱；托米有7根，值21分钱，他该分到10分钱，这样就相当于每个人都为这顿午餐支付了11分钱。然后，三人平分11根香肠，每人分得11/3根。

099. 花销问题

史密斯花了49元99分。他之前有99元98分，现在剩下49元99分。

100. 清仓大减价

衣服的成本价是0.512元。因为每次减价后的价格都是原来的2/5。

101. 地产生意问题

他把地分成了18小块出售。

提示：我们假设他把地分成了x小块，那么，每小块地的原始买价是$(243/x)$美元。根据题意，我们可以列出方程：$18x-243=6\times(243/x)$，解方程可以得出，$x=18$。

102. 选举问题

4个候选人的选票数分别为1336、1314、1306和1263。

提示：我们设得票最多者所获得的票数为x，那么，其他人所得的票数分别为$(x-22)$，$(x-30)$和$(x-73)$，我们又知道有效选票为5219，解方程便可得出最多者所得票数。

103. 加法与乘法

这是一道简单的加法和乘法混合计算题，答案除了2之外还有许多。只不过剩下的答案都不是整数。

104. 猪圈问题

如何才能使21头猪分在4个猪舍里，并且使每个猪舍里都有偶数对猪再加上一头猪呢？真的是让人有点摸不着头脑。唯一可能的答案是把猪圈层层嵌套，最中间放5头猪，即2对再加1头，在这一层外建造猪圈放4头猪，第三层还是放4头猪，第四层放8头猪。

如图所示：

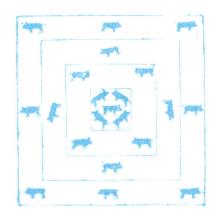

105. 趣题国幼儿园

聪明的孩子们是这样把棋盘拼起来的：黑板上的算式是96327+85014=181341。

106. 失踪的便士

如果她们平均分配卖苹果所得的收入，那么，琼斯夫人在这次不愉快的合作中损失了21个便士。两位太太每人有210个苹果。

那琼斯夫人为什么会损失这么多钱呢？

如果每个苹果分别卖1/2便士和1/3便士的话，那么两个苹果就卖5/6便士，或者说一个苹果卖5/12便士。而实际上苹果是以2便士卖5个成交的，即按一个苹果2/5便士的价格售出的，所以每个苹果损失了5/12−2/5=1/60便士。我们知道最后少了7便士，因此我们可以得到苹果的数目是420个，两位太太分别有210个苹果。

琼斯太太的苹果应该卖得210×1/2=105便士，但是因为她的苹果是以5个苹果2便士卖掉的，所以她只得到84便士，损失了21便士。而史密斯太太的苹果应该卖得70便士，但她却得到了84便士，所以多出的14便士和少卖得的7便士刚好是琼斯太太损失的数目。

107. 项链问题

接好这条项链需要1.7美元。

对于这个问题你可能会有不同的答案，10个人中会有9个误认为把12条链子末端的小环打开再连接起来，这样费用会是1.80美元。而正确答案是：将两条有2个大环，3个小环的链子全部拆开，用所得的10个环连接余下的10条链子，这样只需要1.7美元。

108. 一拿错帽子的概率问题

如果6个人每人任意拿一顶帽子，那么没有一个人拿到自己帽子的概率是265/720。